Langenscheidt
Universal-Sprachführer

Dänisch

Die wichtigsten Sätze plus Reisewörterbuch

Langenscheidt

Abkürzungen

n sächlich
pl Plural

Bildnachweis

Cover: Getty Images/PhotographerCW
S. 8: Shutterstock/Marija Krcadinac
S. 26: Shutterstock/Michele Ursi
S. 62: Shutterstock/EQRoy
S. 80: Shutterstock/Sofiia Popovych
S. 110: Shutterstock/Alexanderstock23
S. 140: Shutterstock/vatolstikoff
S. 170: Shutterstock/Alexanderstock23
S. 204: Shutterstock/Sina Ettmer Photography

Gestaltungskonzept von Farnschläder & Mahlstedt, Hamburg
Covergestaltung von KW43 BRANDDESIGN, Düsseldorf

1. Auflage 2024 (1, 01 – 2024)

Satz: zweiband.media, Berlin
Druck und Bindung: Publikum d.o.o.
ISBN 978-3-12-514598-6
www.langenscheidt.com

Inhalt

Übernachten 66

Essen & Trinken 86

Einkaufen 120

Aktivitäten 160

Gut zu wissen 192

Reisewörterbuch 230

Um Ihnen eine Hilfe bei der Aussprache des Dänischen zu geben, haben wir alle Wörter und Sätze zusätzlich in einer vereinfachten Lautschrift wiedergegeben.

In der Regel wird im Dänischen die erste Silbe betont. Weicht die Aussprache von dieser Regel ab, finden Sie in der Lautschrift ein Betonungszeichen ['] vor der zu betonenden Silbe. Das ist vor allem bei Fremdwörtern der Fall, z.B. bagage ba'gasche *Gepäck*.

Ein Doppelpunkt [:] in der Lautschrift zeigt Ihnen, dass der vorausgehende Vokal lang gesprochen wird. Normalerweise gilt im Dänischen die Regel, dass ein Vokal vor mehreren Konsonanten kurz und vor einfachen Konsonanten lang gesprochen wird.

Die Konsonanten c, q, w, x und z kommen nur in Fremdwörtern vor. Die stimmlosen Konsonanten k, p, t werden am Wortende häufig stimmhaft als g, b, d gesprochen, z.B. plet pläd *Fleck*, tysk tüsg *deutsch*.

Text	Lautschrift	Aussprache	Beispiel
a	a ä	dunkles *a* wie in *Vater* sehr helles *a* (im Deutschen nicht vorhanden)	ar tar *Narbe* hvad wä *was*
e	e ä	geschlossenes *e* wie in *beten* offenes *e* wie in *nett*	her her *hier* plet pläd *Fleck*

Text	Laut-schrift	Aussprache	Beispiel
i	i e	geschlossenes *i* wie in *ihr* kurzes *e* wie in *Test*	vi wi *wir* til te *zu*
o	o	geschlossenes *o* wie in *oft*	hvor wor *wo*
v	w	wie *w* in *Wasser*	vogn won *Wagen*
s	s	stimmloses *s* wie in *Sonne* (s ist nie stimmhaft!)	stor sdor *groß*
u	u o	geschlossenes *u* wie in *du* kurzes o wie in *flott*	kugle kule *Kugel* kunde konde *Kunde*
y	ü	geschlossenes *ü* wie in *für*	tysk tüsg *deutsch*
æ	ä	geschlossenes ä wie in *ähnlich*	æske äsge *Schachtel*
ø	ö	geschlossenes *ö* wie in *böse*	mølle mölle *Mühle*
å	o:	offenes *o* wie in *Dorf*	må mo: *dürfen*

Einige dänische Vokale werden im Deutschen mit unterschiedlichen Lauten wiedergegeben, z. B. her her *hier*, plet pläd *Fleck*. Richten Sie sich bei der Aussprache einfach nach der Lautschrift, dann liegen Sie auf jeden Fall richtig.

Doppelvokale (Diphthonge) werden im Dänischen immer getrennt ausgesprochen (d. h. ei nicht als *ai* wie in *Eimer* und eu nicht als *oi* wie in *Eule*).

Ins Gespräch kommen

Verständigung

Sprechen Sie Deutsch?	**Taler du tysk?** taler du tüsg?
Gibt es hier jemanden, der Deutsch/Englisch spricht?	**Er der nogen her, der taler tysk/engelsk?** er der noen her, der taler tüsg/engelsg?
Haben Sie verstanden?	**Har du forstået det?** har du for'sdo:ed de?
Ich habe verstanden.	**Jeg har forstået det.** jai har for'sdo:ed de.
Ich habe das nicht verstanden.	**Jeg har ikke forstået det.** jai har igge for'sdo:ed de.
Könnten Sie bitte etwas langsamer sprechen?	**Kunne du være sød at tale lidt langsommere?** ku du wär söd ad tale lid langsommer?
Könnten Sie das bitte wiederholen?	**Kunne du være sød at gentage det?** ku du wär söd ad gent de?
Wie heißt das auf Dänisch?	**Hvad hedder det på dansk?** wä hedder de po: dansg?
Könnten Sie es mir bitte aufschreiben?	**Kunne du være sød, at skrive det op til mig?** ku du wär söd ad sgriwe de o:p te mai?

Begrüßung

Guten Tag!	Goddag! go'dä!
Guten Abend!	Godaften! go'afden!
Gute Nacht!	Godnat! go'nad!
Hallo!	Hej! hai!

Info Normalerweise begrüßt man sich zu jeder Tageszeit mit hej! und spricht sich mit du und dem Vornamen an. Die Sie-Form verwendet man nur in sehr offiziellem Rahmen. Deshalb hören Sie die im Deutschen übliche Anrede mit Herr/Frau und dem Nachnamen in Dänemark nicht.

Wie geht es Ihnen/ dir?	Hvordan har du det? wordan har du de?
Wie geht's?	Hvordan går det? wordan go:r de?
Danke, gut. Und Ihnen/dir?	Godt, tak. Og hvad med dig? gott, tak. ow wä me dai?
Schönen Tag noch!	Fortsat god dag! fordsad go dä!

Schönes Wochenende!	God weekend! go wigend!
Gute Heimreise!	Kom godt hjem! kom gott jem!
Es tut mir leid, aber ich muss jetzt gehen.	Jeg bliver desværre nød til at gå nu. jai blir deswär nöd te ad go: nu.
Auf Wiedersehen!	Farvel! fa'wel!
Bis bald!	Vi ses! wi ses!
Bis morgen!	Vi ses imorgen! wi ses imorn!
Tschüs!	Hej! hai!
Schön, Sie/dich kennengelernt zu haben.	Det var hyggeligt at møde dig. de wa hüggeli ad möde dai.
Vielen Dank für den netten Abend/Tag.	Tusind tak for i aften/dag. tusin tak for i afden/dä.

Sich kennenlernen

Vorstellung

Wie heißen Sie/heißt du?	**Hvad hedder du?**	wä hedder du?
Ich heiße ...	**Jeg hedder ...**	jai hedder ...
Wie alt sind Sie/bist du?	**Hvor gammel er du?**	wor gammel er du?
Ich bin ... Jahre alt.	**Jeg er ... år gammel.**	jai er ... o:r gammel.
Darf ich bekannt machen? Das ist ...	**Må jeg have lov at præsentere? Deter ...**	mo: jai ha low ad präsenter? det er ...
► mein Mann.	► **min mand.**	min man.
► meine Frau.	► **min kone.**	min kone.
► mein Freund.	► **min ven.**	min wenn.
► meine Freundin.	► **min veninde.**	min wenninne.

Woher kommen Sie/ kommst du?	**Hvor kommer du fra?** wor kommer du fra?
Ich komme aus ...	**Jeg kommer fra ...** jai kommer fra ...
► Deutschland.	► **Tyskland.** tüsglan.
► Österreich.	► **Østrig.** ösdri.
► der Schweiz.	► **Schweiz.** swais.
Sind Sie/Bist du verheiratet?	**Er du gift?** er du gifd?
Ich bin ...	**Jeg er ...** jai er ...
► ledig.	► **single.** singel.
► verheiratet.	► **gift.** gifd.
► geschieden.	► **skilt.** sgild.
Ich lebe getrennt.	**Jeg er skilt.** jai er sgild.
Haben Sie/Hast du Kinder?	**Har du nogen børn?** har du noen börn?
Was machen Sie/ machst du beruflich?	**Hvad laver du?** wä lawer du?

Sich verabreden

Treffen wir uns heute Abend/morgen?	**Ses vi i aften/morgen?** ses wi i afden/morn?
Wir könnten etwas zusammen machen, wenn Sie möchten/ du möchtest.	**Hvis du har lyst, kunne vi lave noget sammen?** wis du har lösd, kuwi lawe no:ed sammen?
Wollen wir heute Abend zusammen essen?	**Skal vi gå ud og spise sammen iaften?** sga wi go: ud ow sbise sammen i afden?
Ich möchte Sie/dich einladen.	**Jeg vil gerne have lov at invitere dig.** jai we gerne ha low ad inwi'ter dai.
Wann/Wo treffen wir uns?	**Hvornår/Hvor mødes vi?** worno:r/wor mödes wi?
Treffen wir uns doch um ... Uhr.	**Vi mødes klokken ...** wi mödes kloggen ...
Möchten Sie/ Möchtest du tanzen gehen?	**Har du lyst til at gå ud og danse?** har du lösd te ad go: ud ow danse?

Ich hole Sie/dich um ... Uhr ab.	**Jeg henter dig klokken ...** jai hender dai kloggen ...
Ich bringe Sie/dich nach Hause.	**Jeg følger dig hjem.** jai följer dai jem.
Sehen wir uns noch einmal?	**Ses vi igen?** ses wi igen?
Wie ist Ihre Handynummer/ E-Mail-Adresse?	**Hvad er dit mobilnummer/din e-mailadresse?** wä er did mobilnummer/din i'mejla'dresse?
Sehr gerne.	**Meget gerne.** maid gerne.
In Ordnung.	**Okay.** okej.
Ich weiß noch nicht.	**Det kan jeg ikke sige endnu.** de ka jai igge si änu.
Vielleicht.	**måske.** mo:sge.
Es tut mir leid, aber ich kann nicht.	**Jeg kan desværre ikke.** jai ka deswär igge.
Ich habe schon etwas vor.	**Jeg har en anden aftale.** jai har en änen autale.

Höfliche Wendungen

Gefallen und Missfallen

Sehr gut!	Meget godt! maid gott!
Ich bin sehr zufrieden!	Jeg er meget tilfreds! jai er maid te'fres!
Großartig!	Alletiders! alletiders!
Das gefällt mir.	Det kan jeg godt lide. de ka jai gott li.
Sehr gerne.	Meget gerne. maid gerne.
Wie schade!	Hvor ærgerligt! wor äwli!
Ich würde lieber ...	Jeg ville hellere ... jai wille hellere ...
Das gefällt mir nicht.	Det er ikke lige mig. de er igge li mai.
Das möchte ich lieber nicht.	Det vil jeg gerne være fri for. de we jai gerne wär fri for.
Das ist sehr ärgerlich.	Det er godt nok ærgerligt. de er gott nog äwli.

Auf keinen Fall.	Under ingen omstændigheder. o:nner ingen om'sdändiheder.

Bitte und Dank

Vielen Dank.	Tusind tak. tusin tak.

Info In Dänemark ist man sehr höflich und bedankt sich oft. Die einfachste Art ist, tak danke oder tusind tak tausend Dank zu sagen. Ein angehängtes tak kann je nach Formulierung auch bitte bedeuten. Höflicher ist es, den Satz mit Vil du være sød at ... Könnten Sie bitte ...? zu beginnen.

Darf ich?	Må jeg have lov? mo: jai ha low?
Bitte, ...	Vær sød at ... wär söd ad ...
Danke, gerne.	Gerne, tak. gerne, tak.
Nein, danke.	Nej, tak. nai, tak.
Könnten Sie mir bitte helfen?	Vil du være sød at hjælpe mig? we du wär söd ad jälbe mia?
Vielen Dank, das ist sehr nett von Ihnen.	Tak skal du have. Det er sødt af dig. tak sga du ha. de er söd a dai.
Vielen Dank für Ihre Hilfe.	Tusind tak for hjælpen. tusin tak for jälben.

Gern geschehen.	Det var så lidt. de war so: lid.
Keine Ursache.	Ingen årsag. ingen o:rsa.

Entschuldigung

Entschuldigen Sie!	Undskyld mig! o:nsgül mai!
Das tut mir leid.	Det er jeg ked af. de er jai ked a.
Macht nichts!	Det er i orden. de er i orden.
Tut mir leid, dass ich mich verspätet habe.	Undskyld forsinkelsen. o:nsgül for'singelsen.
Das ist mir sehr unangenehm.	Det er mig meget ubehageligt. de er mai maid ube'halid.
Das war ein Missverständnis.	Det var en misforståelse. de wa en misforsdo:else.

Weitere Wörter

Adresse	**adresse, -n** a'dresse
allein	**alene** alene
Beruf	**stilling, -en** sdelling
bitte	**så er du sød** so: er du söd
Bruder	**bror, -en** bror
danke	**tak** tak
einladen	**invitere** inwi'tere
essen gehen	**gå ud og spise** go: ud ow sbise
Foto	**foto, -et** foto
Frau	**fru, -en** fru
Frau *(Anrede)*	**fru, -en** fru
Frau *(Ehefrau)*	**kone, -n** kone
Freund *(allg.)*	**ven, -nen** wenn
Freundin *(allg.)*	**veninde, -n** wennine
Geschwister	**søskende** *pl* sösgne
heißen	**hedde** hedde
ich heiße	**jeg hedder** jai hedder
Herr	**herre, -n** herr
Herr *(Anrede)*	**herre, -n** herr
Junge	**dreng, -en** draing
kennenlernen	**lære at kende** lär ad kenne
Kind	**barn, -et** barn
kommen aus	**kommer fra** kommer fra
Kondom	**kondom, -et** kon'dom

Land	land, -et lan
langsam	langsom langsom
Mädchen	pige, -n pi
Mann	mand, -en man
Mann *(Ehemann)*	mand, -en man
mögen	kunne lide ku li
Mutter	mor, -en mor
Partner(in)	partner, -en pardner
Schule	skole, -n sgole
Schwester	søster, -en sösder
Sohn	søn, -nen sön
sprechen	tale tale
Stadt	by, -en bü
Student(in)	student, -en student
studieren	studere studer
tanzen gehen	gå ud og danse go: ud ow danse
Tochter	datter, -en dädder
sich treffen	mødes mödes
Urlaub	ferie, -n ferje
Vater	far, -en far
sich verabreden	træffe aftale om at mødes träffe autale om ad mödes
verheiratet	gift gifd
Verlobte(r)	forlovet, -veden forlo:wed
verstehen	forstå for'sto:
warten	vente wende

wenig	lidt lid
wiederholen	gentage genta
wiederkommen	komme tilbage komme tebä
wiedersehen	ses igen ses igen

Zeitangaben

Wie spät ist es?	Hvad er klokken? wä er kloggen?
Es ist ein Uhr.	Klokken eret. kloggen er ed.
Es ist zwei Uhr.	Klokken erto. kloggen er to.
Es ist zwölf Uhr mittags/nachts.	Klokken ertolv om dagen/aftenen. kloggen ertoll om dän/afden.
Es ist fünf nach vier.	Klokken er fem (minutter) overfire. kloggen er fem (minudder) owerfire.
Es ist Viertel nach fünf.	Klokken er kvart overfem. kloggen er kward ower fem.
Es ist halb sieben.	Klokken er halvsyv. kloggen er hal süw.
Es ist fünf nach halb vier.	Klokken er fem minutter over halvfire. kloggen er fem minudder ower hal fire.

Es ist Viertel vor neun.	**Klokken er kvart i ni.** kloggen er kward i ni.
Es ist zehn vor acht.	**Klokken er ti minutter i otte.** kloggen er ti minudder i o:dde.
Um wie viel Uhr?	**Hvad tid?** wä tid?
Um zehn Uhr.	**Klokken ti.** kloggen ti.
Bis elf Uhr.	**Til klokkenelve.** te kloggen elwe.
Von acht bis neun Uhr.	**Fra klokken otte til ni.** fra kloggen o:dde te ni.
Zwischen zehn und zwölf Uhr.	**Mellem klokken ti og tolv.** mellem kloggen ti ow toll.

Info Bei der Angabe der Uhrzeit werden in der gesprochenen Sprache meist die Zahlen von 1 bis 12 verwendet. Zur Verdeutlichung wird häufig morgens (**om morgenen**), nachmittags (**om eftermiddagen**) oder abends (**om aftenen**) hinzugefügt.

In einer halben Stunde.	**Om en halv time.** om en hal time.
Es ist (zu) spät.	**Det er (for) sent.** de er (for) send.
Es ist noch zu früh.	**Det er for tidligt.** de er for tidli.

Allgemeine Zeitangaben

Abend	**aften, -en** afden
abends	**om aftenen** om afdnen
bald	**snart** snard
bis	**til** te
früh	**tidlig** tidli
gestern	**i går** i go:r
halbe Stunde	**halv time** hal time
heute	**i dag** i dä
heute Abend	**i aften** i afden
heute Morgen	**imorgen** i morn
heute Nachmittag	**i eftermiddag** i efdermiddä
in 14 Tagen	**om fjorten dage** om fjorden dä
Jahr	**år, -et** o:r
jetzt	**nu** nu
manchmal	**en gang imellem** en gang imellem
Minute	**minut, -tet** minud
mittags	**midt på dagen** mid po: dän
Monat	**måned, -en** mo:ned
morgen	**imorgen** imorn
Morgen	**morgen, -en** morn
morgens	**om morgenen** om morn
Nachmittag	**eftermiddag, -en** efdermiddä

nachmittags	**om eftermiddagen** om efdermiddän
nächstes Jahr	**næste år** näsde o:r
Nacht	**nat, -ten** nad
nachts	**om natten** om nadden
seit	**siden** siden
Sekunde	**sekund, -et** seko:nd
spät	**sent** sent
später	**senere** sener
Stunde	**time, -n** time
Tag	**dag, -en** dä
übermorgen	**i overmorgen** i owermorn
um	**klokken** kloggen
Viertelstunde	**kvarter, -et** kwarter
vorgestern	**i forgårs** i forgo:rs
vor Kurzem	**for kort tid siden** for kord tid siden
Vormittag	**formiddag, -en** formiddä
vormittags	**om formiddagen** om formiddän
Woche	**uge, -n** ue
Zeit	**tid, -en** tid

Jahreszeiten

Frühling	forår, -et foror
Sommer	sommer, -en sommer
Herbst	efterår, -et efderor
Winter	vinter, -en winder

Datum

Den Wievielten haben wir heute?	Hvad dato har vi i dag? wä däto har wi i dä?
Heute ist der 2. Juli.	Det er den andenjuli. det er den annen juli.
Am 4. dieses/ nächsten Monats.	Den fjerde denne/næste måned. den fjere denn/näsde mo:ned.
Bis zum 10. März.	Frem til den tiende marts. frem te den tine mards.
Wir reisen am 20. August ab.	Vi rejser den tyvende august. wi raiser den tüwne au'go:sd.

Wochentage

Montag	**mandag, -en** mandä
Dienstag	**tirsdag, -en** tirsdä
Mittwoch	**onsdag, -en** o:nsdä
Donnerstag	**torsdag, -en** torsdä
Freitag	**fredag, -en** fredä
Samstag	**lørdag, -en** lördä
Sonntag	**søndag, -en** söndä

Monate

Januar	**januar** januar
Februar	**februar** februar
März	**marts** mards
April	**april** a'pril
Mai	**maj** mai
Juni	**juni** juni
Juli	**juli** juli
August	**august** au'go:sd
September	**september** seb'tember
Oktober	**oktober** og'tober
November	**november** no'wember
Dezember	**december** de'sember

Feiertage

Info Es gibt einige dänische Festtage, die nicht arbeitsfrei sind. Am Faschingssonntag wird Fastelavn gefeiert. Die Kinder verkleiden sich und ein weiß bemaltes Fass (slår katten af tønden) wird aufgehängt. Die Kinder dürfen die Holzbretter abschlagen. Wer das letzte Brett abschlägt, wird Katzenkönig und bekommt eine Krone als Kopfschmuck. Das Mittsommerfest (Sankthans) wird am 23. Juni gefeiert. Abends wird ein Feuer angezündet und eine Hexe aus Stroh verbrannt. Am 13. Dezember, dem Luciafest, finden Prozessionen statt, die von einem Mädchen mit Lichterkranz im Haar angeführt werden.

Feiertage

Neujahr	nytår, -et nüdo:r
Gründonnerstag	skærtorsdag, -en sgärtorsdä
Karfreitag	langfredag, -en langfredä
Ostern	påske, -n po:sge
Verfassungstag	Grunlovsdagen gro:nlowsdän
Pfingsten	pinse, -n pinse
Himmelfahrt	Kristi himmelfartsdag krisdi himmelfardsdä
Heiligabend	juleaften, -en juleafden
Weihnachten	jul, -en jul
1. Weihnachtstag	første juledag, -en försde juledä

2. Weihnachtstag	anden juledag änen juledä
Silvester	nytårsaften, -en nüdo:rs'afden

Wetter

Wie wird das Wetter heute/morgen?	Hvordan bliver vejret i dag/morgen? wordan blir wered i dä/morn?
Was sagt der Wetterbericht?	Hvad siger vejrudsigten? wä sier werudsigden?
Es ist/wird ...	Det er/bliver ... de er/blir ...
► schön.	► fint. fint.
► schlecht.	► dårligt. do:rlid.
► warm.	► varmt. warmd.
► heiß.	► meget varmt. maid warmd.
► kalt.	► koldt. kold.
► schwül.	► lummert. lummerd.
Es wird Regen/ein Gewitter geben.	Der bliver regnvejr/tordenvejr. de blir rainwer/tordenwer.
Die Sonne scheint.	Solen skinner. solen sginner.

Es ist ziemlich windig.	Det er ret blæsende.	de er red bläsne.
Es regnet.	Det regner.	de rainer.
Es schneit.	Det sner.	de sner.
Wie viel Grad haben wir?	Hvor mange grader er det?	wor mange grader er de?
Es sind ... Grad (über/unter null).	Det er ... grader (plus/minus).	de er ... garder (plus/minus).

Weitere Wörter

bewölkt	overskyet	owersgüed
Blitz	lyn, -et	lün
diesig	diset	dised
Donner	torden, -en	torden
feucht	fugtig	fo:gdi
frieren	fryser	früser
es friert	det fryser	de früser
Frost	frost, -en	frosd
Glatteis	glatis, -en	gladis
Grad	grader *pl*	grader
Hagel	haglvejr, -et	haulwer
heiter	klar	klar
Hitze	hede, -n	hede

Hitzewelle	hedebølge, -n hedebölje
klar	klart klard
Klima	klima, -et klima
kühl	kølig köli
Luft	luft, -en lo:fd
Luftdruck	lufttryk, -ket lo:fdtrög
Mond	måne, -n mo:ne
nass	våd wo:d
Nebel	tåge, -n to:we
Niederschläge	nedbør, -en nedbör
Nieselregen	finregn, -en finrain
Regenschauer	regnbyge, -n rainbü
regnerisch	regnfuld rainful
Schnee	sne, -en sne
sonnig	solrig solrig
Stern	stjerne, -n sdjerne
Sturm	storm, -en sdorm
stürmisch	stormende sdormne
tauen	tø tö
es taut	det tør de tör
trocken	tør tör
Unwetter	uvejr, -et uwer
wechselhaft	skiftende sgifdne
Wind	vind, -en win
Wolke	sky,- en sgü

Unterwegs

Ein- und Ausreise

Das könnten Sie hören:

Dit pas/Din legitimation, tak.
did pas/din legitima'schon, tak.
Ihren Pass/Personalausweis, bitte.

Dit pas er udløbet.
did pas er udlöbed.
Ihr Pass ist abgelaufen.

Har du noget at fortolde?
har du no:ed ad for'tolle?
Haben Sie etwas zu verzollen?

Vær venlig at åbne bagagerummet.
wär wenli ad o:bne ba'gascherommed.
Öffnen Sie bitte den Kofferraum.

Det skal fortoldes.
de sga for'tolles.
Das müssen Sie verzollen.

Weitere Wörter

Ausweis	legitimation, -en legitim'schon
EU-Bürger(in)	EU-borger, -en eu-bo:wer
Fahrzeugpapiere	kørselspapirer körselspa'pir
Familienname	efternavn, -et efdernaun
Führerschein	kørekort, -et körekord

internationaler Führerschein	internationalt kørekort, -et internascho'nald körekord
Grenze	grænse, -n granse
gültig	gyldig güldi
Impfpass	vaccinationskort, -et waksina'schonskord
Mehrwertsteuer	moms, -en moms
Nationalitätskennzeichen	nationalitetsmærke, -t nascho'nalitetsmärge
Nummer	nummer, -et nommer
Papiere	papirer pa'pir
Pass	pas, -set pas
Personalausweis	legitimationskort, -et legitima'schonskord
Quittung	kvittering, -en kwitering
Rechnung	regning, -en raining
Reisegruppe	rejsegruppe, -n raisegrubbe
Staatsangehörigkeit	statsborgerskab, -et sdadsborwer'sgab
ungültig	ugyldig ugüldi
Unterschrift	underskrift, -en oːnnersgrifd
verzollen	fortolde for'tolle
Wohnort	bopæl, -en bopäl
Zoll	told, -en tol
Zollerklärung	tolddeklaration, -en toldeklara'schon

Fragen nach dem Weg

Entschuldigung, wo ist ...?	**Undskyld, hvor er ...?** o:nsgül, wor er ...?
Wie komme ich nach/zu ...?	**Hvordan kommer jeg til ...?** wordan kommer jai te ...?
Können Sie mir das bitte auf der Karte zeigen?	**Vil du være sød at vise mig det påkortet?** we du wär söd ad wise mai de po: korded?
Wie weit ist es?	**Hvor langt er det?** wor langd er de?
Wie lange dauert es	**Hvor lang tid tager det** wor lang tid tar de
▸ zu Fuß?	▸ **til fods** te fods?
▸ mit dem Auto?	▸ **med bilen?** me bilen?
Ist das die Straße nach ...?	**Er det vejen til ...?** er de wain te ...?
Wie komme ich zur Autobahn nach ...?	**Hvordan kommer jeg til motorvejen mod ...?** wordan kommer jai te motorwain mod ...?

Das könnten Sie hören:

Jeg er bange for, at jeg ikke kan hjælpe dig.
jai er bange for, at jai igge ka jälbe dai.
Tut mir leid, das weiß ich nicht.

Den første vej tilvenstre.
den försde wai te wensdre.
Die erste Straße links.

Den anden vej til højre.
den änen wai te hoier.
Die zweite Straße rechts.

Ved det næste trafiklys/kryds ...
we de näsde trafiklüs/krüs ...
An der nächsten Ampel/ Kreuzung ...

Gå over torvet/vejen.
go: ower torwed/win.
Überqueren Sie den Platz/ die Straße.

Så spørger du adigen.
so: sbör du ad igen.
Dann fragen Sie noch einmal.

Du kan tage bussen/S-toget. du ka ta bussen/'stowed.
Sie können den Bus/die U-Bahn nehmen.

Orts- und Richtungsangaben

lyskurv, -en lüskurw	Ampel
der der	dort
der bagved der bawe	dort hinten
overfor owerfor	gegenüber
lige ud li ud	geradeaus
her her	hier
denne vej denn wai	hier entlang
bagved bawe	hinter
kryds, -et krüs	Kreuzung
vejsving, -et waiswing	Kurve
(til) venstre (te) wensdre	(nach) links
i nærheden af i närheden a	nahe bei
ved siden af we siden a	neben
ikke langt igge langd	nicht weit
(til) højre (te) hoier	(nach) rechts
vej, -en wai	Straße
op ad trappen ob a trabben	die Treppe herauf
ned ad trappen ned a trabben	die Treppe herunter
foran foran	vor
temmelig langt temmelig langd	ziemlich weit
tilbage te'bä	zurück

Flugzeug

Wie viel kostet ein Flug nach ...?	**Hvor meget koster en flybillettil ...?** wor mid kosder enflübiled te ...?
Bitte ein Flugticket ...	**Jeg vil gerne bede om en flybillettil ..., tak.** jai we gerne be om en flübi'led te ..., tak.
► einfach.	► **enkel** enkel
► hin und zurück.	► **tur retur** tur re'tur
► Economyclass.	► **turistklasse** tu'risdklasse
► Businessclass.	► **business class** bisnis klas
Ich hätte gern einen Fensterplatz/Platz am Gang.	**Jeg vil gerne bede om en vinduesplads/plads ved gangen.** jai we gerne be om en windusplas/plas we gangen.
Ich möchte meinen Flug	**Jeg vil gerne ... mit fly.** jai we gerne ... mid flü.
► rückbestätigen lassen.	► **have bekræftet** ha be'kräfded
► stornieren.	► **annullere** anu'lere
► umbuchen.	► **ombestille** ombe'sdille
Wo ist der Schalter der Fluggesellschaft?	**Hvor er flyveselskabets skranke?** wor er flüselsgabeds sgrange?

Sind noch Plätze frei?	**Er der nogen ledige pladser?** er der noen ledi plser?
Können Sie mir beim Einchecken (mit Gepäck) am Check-in-Automaten helfen?	**Kunne du hjælpe mig med at checke ind (med bagage) via check-in automaten?** ku du jälbe mai me ad tjekke in (me ba'gaschen) wia tjek-in auto'maden?

Zug

Wann fährt der nächste Zug nach ...?	**Hvornår kører det næste tog til ...?** worno:r köre de näsde tow te ...?
Von welchem Gleis fährt der Zug nach ... ab?	**Fra hvilket spor går toget til ...?** fra wilged sbor go:r towed te ...?
Wann ist er in ...?	**Hvornår er det i ...?** worno:r er de i ...?
Muss ich umsteigen?	**Skal jeg skifte tog?** sag jai sgifde tow?
Wo finde ich die Gepäckaufbewahrung/ Schließfächer?	**Hvor finder jeg bagageopbevaringen/ bagageboksne?** wor finner jai ba'gascheob'bewaringen/ bagasche-boksne?

Was kostet eine Fahrkarte nach ...?	**Hvad koster en billet til ...?** wä kosder en biled te ...?
Ist dieser Zug zuschlagpflichtig?	**Skal jeg have en tillægsbillet til dette tog?** sga jai ha en te'lägsbiled te dedde tow?
Bitte eine Karte nach ...	**En billet til ..., tak.** en biled te ..., tak.
Bitte eine Karte/ zwei Karten einfach.	**En enkeltbillet/To enkelt-billetter, tak.** en enkelbi'led/to enkelbi'ledder, tak.
Bitte eine Karte/ zwei Karten hin und zurück.	**En returbillet/To returbilletter, tak.** en returbi'led/to returbi'ledder, tak.
Bitte eine Karte/ zwei Karten für Kinder.	**En børnebillet/To børne-billetter, tak.** en börnebi'led/to börnebi'ledder, tak.
Bitte eine Karte erster/zweiter Klasse.	**En billet til første/anden klasse, tak.** en bi'led te försde/änen klasse, tak.
Bitte eine Platzkarte für den Zug um ... Uhr nach ...	**Jeg vil gerne bede om en pladsbillet i toget klokken ... til ...** jai we gerne be om en plasbi'led i towed kloggen ... te ...

Wann fährt ein Zug nach ...?	Hvornår kører toget til ...? worno:r köre towed te ...?
Ich hätte gerne einen Platz ...	Jeg vil gerne have en plads jai we gerne hawe en plas
▸ im Großraumwagen.	▸ i storrumsvognen. i storrumswownen.
▸ im Abteil.	▸ i kupéen. i ku'pen.
▸ am Fenster.	▸ ved vinduet. we windued.
▸ am Gang.	▸ ved gangen. we gangen.
Ich hätte gern	Jeg vil gerne bede om jai we gerne be om
▸ einen Fensterplatz.	▸ en vinduesplads. en windusplas.
▸ Platz am Gang.	▸ plads ved gangen. plas we gangen.
Kann man im Zug etwas zu essen und zu trinken kaufen?	Kan man købe noget at spise og drikke i toget? ka man köb no:ed ad sbise ow drigge i towed?
Ich möchte mein Fahrrad mitnehmen.	Jeg vil gerne have min cykel med. jai we gerne ha min sügel me.
Ist dies der Zug nach ...?	Er det toget til ...? er de towed te ...?

Ist dieser Platz frei?	**Er denne plads ledig?** er denn plas ledi?
Entschuldigen Sie, das ist mein Platz.	**Undskyld, men det er min plads.** o:nsgül, men de er min plas.
Können Sie mir bitte helfen?	**Kunne du være sød at hjælpe mig?** ku du wär söd ad jälbe mai?
Darf ich das Fenster öffnen/ schließen?	**Må jeg lukke/åbne vinduet?** mo: jai lo:gge/o:bne windued?
Wie viele Stationen sind es noch bis ...?	**Hvor mange stationer er der til ...?** wor mange sda'schoner er der te ...?
Wie lange haben wir Aufenthalt?	**Hvor længe holdet toget?** wor länge ho:ler towed?
Erreiche ich den Zug nach ... noch?	**Når jeg toget til ...?** no:r ji towed te ...?

Weitere Wörter

Abfahrt	**afgang, -en** augang
Abteil	**kupé, -en** ku'pe
ankommen	**ankomme** ankomme

Ankunft	ankomst, -en ankomsd
Anschluss	forbindelse, -n for'binnelse
Ausgang	udgang, -en udgang
aussteigen	stå af sdo: a
Bahnhof	station, -en sda'schon
Bahnsteig	perron, -en pa'rong
besetzt	optaget o:b'taet
einsteigen	stige på sdi po:
Fahrplan	køreplan, -en köreplan
Fahrpreis	billetpris, -en biledpris
Fensterplatz	vinduesplads, -en windusplas
Gepäckwagen	bagagevogn, -en ba'gaschewown
Gleis	spor, -et sbor
Klasse	klasse, -n klasse
Liegewagen	liggevogn, -en liggewown
Maskenpflicht	krav om mundbind kraw om monben
Nichtraucherabteil	ikkerygerkupé, -en iggerüerku'pe
reserviert	reserveret reser'wered
Schaffner(in)	konduktør, -en kondug'tör
Schlafwagen	sovevogn, -en sowewown
Schließfächer	bagagebokse ba'gaschebokse
Speisewagen	spisevogn, -en sbisewown
umsteigen	skifte sgifde

Waggon	vogn, -en wown
Zuschlag	tillæg, -get teläg

Überlandbus

Wie komme ich zum Busbahnhof?	Hvordan kommer jeg til busterminalen? wordan kommer jai te buster'minalen?
Ist dies der Bus nach ...?	Er det her bussen til ...? er de her bussen te ...?
Wie lange dauert die Fahrt?	Hvor længe tager turen? wor länge tar turen?
Wann fährt der nächste Bus nach ... ab?	Hvornår afgår den næste bus til ...? worno:r augo:r den näsde bus te ...?
Bitte eine Karte/zwei Karten nach ...	Jeg vil gerne bede om en billet/to billetter til ... jai we gerne be omen biled/to biledder te ...
Wie lange haben wir Aufenthalt?	Hvor længe holder bussen? wor länge holler bussen?

Ist ... die Endhaltestelle?	Er ... endestationen? er ... änesta'schonen?
Sagen Sie mir bitte, wo ich aussteigen muss?	Vil du være sød at sige mig, hvor jeg skal af? we du wär söd ad sie mai, wor jai sga a?

Schiff

Wann fährt das nächste Schiff/ die nächste Fähre nach ... ab?	Hvornår sejler den næste båd/ færge til ...? worno:r sailer den näsde bo:d/färwe te ...?
Wann legen wir in ... an?	Hvornår lægger vi til i ...? worno:r lägger wi te i ...?
Wann müssen wir an Bord sein?	Hvornår skal vi være ombord? worno:r sga wi wär ombor?
Wie lange dauert die Überfahrt nach ...?	Hvor længe tager overfarten til ...? wor länge tar owerfarden te ...?
Ich möchte eine Schiffskarte erster Klasse/Touristen-klasse nach ...	Jeg vil gerne bede om en billet til første klasseturistklassen til ... jai we gerne be om en bi'led te försde klasse/tu'risdklassen te ...

Ich möchte …	**Jeg vil gerne bede om …** jai we gerne be om …
▸ eine Einzelkabine.	▸ **en enmandskahyt.** en enmanska'hüd.
▸ eine Zweibett-kabine.	▸ **tomandskahyt.** tomanska'hüd.
▸ eine Außenkabine.	▸ **en ydrekahyt.** en üderka'hüd.
▸ eine Innenkabine.	▸ **en inderkahyt.** en innerka'hüd.
Ich möchte eine Karte für die Rundfahrt um … Uhr.	**Jeg vil gerne bede om en billet til rundfarten klokken** jai we gerne be om en bi'led te runfarden kloggen
An welcher Anlege-stelle liegt die …?	**Ved hvilken kaj ligger …?** we wilgen ki ligger …?
Kann ich eine andere Kabine bekommen?	**Kan jeg bede om en anden kahyt?** ka jai be om en änen ka'hüd?
Ich suche die Kabine Nummer …	**Jeg leder efter kahyt nummer …** jai leder efder ka'hüd nummer …
Haben Sie ein Mittel-gegen Seekrankheit?	**Har du noget mod søsyge?** har du no:ed mod sösüe?

Weitere Wörter

Anlegestelle	**anløbssted, -et** anlöbssded
Autofähre	**bilfærge, -n** bilfärwe
Deck	**dæk, -ket** däg
Decke	**dyne, -n** düne
Kapitän(in)	**kaptajn, -en** kab'tain
Klimaanlage	**klimaanlæg, -get** klimaanläg
Kreuzfahrt	**krydstogt, -en** krüstogt
Küste	**kyst, -en** küsd
Landausflug	**udflugt på land** udflugd po: lan
Liegestuhl	**liggestol, -en** liggesdol
Luftkissenboot	**luftpudebåd, -en** lo:fdpudebo:d
Meer	**hav, -et** hau
Rettungsboot	**redningsbåd, -en** redningsbo:d
Rettungsring	**redningskrans, -en** redningskrans
Rundfahrt	**rundtur, -en** rontur
Schiff	**skib, -et** sgib
Schiffsagentur	**skibsagentur, -et** sgibsagen'tur
Schiffsarzt, -ärztin	**skibslæge, -n** sgibslä
Schwimmweste	**redningsvest, -en** redningswest
Seegang	**søgang, -en** sögang

seekrank	**søsyg** sösü
Speisesaal	**spisesal, -en** sbisesal
Steward(ess)	**steward, -en** sdjuard
Überfahrt	**overfart, -en** owerfard

Auto, Motorrad

Vermietung

Ich möchte ► mieten.	**Jeg vil gerne leje ►** jai we gerne laie ►
► ein Auto (mit Automatik)	► **en bil (med automatgear).** en bil (me automatgir).
► ein Elektroauto	► **en elbil** en elbil
► einen Geländewagen	► **en jeep.** en djib.
► ein Motorrad	► **en motorcykel.** en motorsügel.
► ein Wohnmobil	► **en autocamper.** en autokamber.

Das könnten Sie hören:

Kunne jeg venligstse dit (internationale) kørekort?
ku jai wenlist se did (interntio'nale) körekord?
Könnte ich bitte Ihren (internationalen) Führerschein sehen?

Ich möchte es für ► mieten.	Jeg vil gerne leje den ► jai we gerne laie den ►
► morgen	► imorgen. imorn.
► einen Tag	► en dag. en dä.
► zwei Tage	► to dage. to dä.
► eine Woche	► en uge. en ue.

Info Die zulässige Höchstgeschwindigkeit beträgt in Dänemark 50 km/h in geschlossenen Ortschaften, 80 km/h auf Landstraßen und 130 km/h auf Autobahnen. Es kann sehr teuer werden, diese Geschwindigkeitsbegrenzungen zu überschreiten. Denken Sie daran, dass man in Dänemark auch tagsüber mit Abblendlicht fahren muss.

Wie viel kostet das?	Hvor meget koster det? wor maid kosder de?
Wie viele Kilometer sind im Preis enthalten?	Hvor mange kilometer er inkluderet i prisen? wor mange kilome'der er inklu'dered i prisen?
Welchen Treibstoff braucht das Auto?	Hvilken slags benzin bruger bilen? wilgen slags bensin brur bilen?
Ist eine Vollkaskoversicherung eingeschlossen?	Er der en et hundrede procent kaskoforsikring inkluderet? er der en ed hunrede prosent kasgofor'sigring inklu'dered?

Bis wann muss ich zurück sein?	**Hvornår skal jeg være tilbage?** worno:r sga jai wär te'bä?
Kann ich das Auto auch in ... abgeben?	**Kan jeg også aflevere bilen i ...?** ka jai osse aulewer bilen i ...?
Bitte geben Sie mir auch einen Sturzhelm.	**Jeg vil gerne bede om en styrthjelm.** jai we gerne be om en sdürdjelm.
Haben Sie eine Straßenkarte?	**Har I et vejkort?** har i ed waikord?

Tankstelle

Wo ist die nächste Tankstelle/ E-Ladesäule?	**Hvor er den nærmeste tankstation/el-ladestander?** wor er den närmsde tangsda'schon/el ladestanär?
Bitte für ... Kronen ...	**For ... kroner ..., tak.** for ... kroner ..., tak.
▸ Benzin bleifrei.	▸ **blyfri benzin** blüfri bensin
▸ Super bleifrei.	▸ **otteoghalvfems blyfri** otteoghlfems blüfri
▸ Super verbleit.	▸ **premium otteoghalvfems benzin** premium otteoghalfems bensin

▸ Diesel.	▸ **diesel** diesel
▸ Zweitaktmischung.	▸ **totaktsbenzin** totagdsbensin
Bitte volltanken.	**Vær sød at tanke helt op.** wär söd ad tnge held ob.
Ich möchte 1 Liter/2 Liter Öl.	**Jeg vil gerne bede om enliter/toliter olie.** ji we gerne be om en lider/to lider olje.
Bitte einen Ölwechsel.	**Vil du være sød at lave et olieskift?** we du wär söd ad lawe edoljesgifd?

Info In Dänemark werden an den Tankstellen die Oktanzahlen des jeweiligen Kraftstoffes angegeben: Normalbenzin – 92 Oktan, Super – 95 Oktan, Super Plus – 98 Oktan.

Unfall

Ich habe kein Benzin mehr.	**Jeg er løbet tør for benzin.** jai er löbed tör for bensin.
Ich habe eine Reifenpanne/Motorpanne.	**Jeg er punkteret/har en motorskade.** jai er pungtered/har en motorsgade.

Können Sie mir Starthilfe geben?	**Kan du give mig starthjælp?** ka du gi mai sdardjälb?
Können Sie mir bitte ... leihen?	**Kan du låne mig?** ka du lo:ne mai ...?
Könnten Sie mich ein Stück mitnehmen?	**Kunne du give mig et lift?** ku du gi mai et lifd?
Könnten Sie meinen Wagen abschleppen?	**Kunne du slæbe min bil væk?** ku du släbe min bil wäg?
Könnten Sie mir einen Abschleppwagen schicken?	**Kunne du tilkalde en kranbil?** ku du telkalle en kranbil?

Info Wenden Sie sich bei einer Panne an den Straßenhilfsdienst FALCK. Er hat die Rufnummer 70 10 20 30. Der Rettungsdienst ist in Dänemark unter der internationalen Notrufnummer 112 zu erreichen.

Rufen Sie bitte schnell ...	**Vær sød at ringe efter ...** wär söd ad ring efder ...
▸ einen Krankenwagen!	▸ **en ambulance!** en ambu'langse!
▸ die Polizei!	▸ **politiet!** poli'tied!
▸ die Feuerwehr!	▸ **brandvæsnet!** branwäsned!

Es ist ein Unfall passiert!	**Der er sket en ulykke!** der er sged en ulögge!
Bitte helfen Sie mir.	**Vær sød og hjælp mig.** wär söd ow jälb mai.
Ich brauche Verbandszeug.	**Jeg skal bruge forbindingssager.** jai sga brue for'biningssajer.
... Personen sind (schwer) verletzt.	**... personer er kommet(alvorligt) tilskade.** ... per'soner er kommed (alworli) te sgade.
Es ist nicht meine Schuld.	**Det er ikke min skyld.** de er igge min skül.
Ich möchte, dass wir die Polizei holen.	**Jeg vil gerne have, at vi tilkalder politiet.** jai we gerne ha, ad wi telkaller poli'tied.
Ich hatte Vorfahrt.	**Jeg havde forkørselsret.** jai hade for'körselsrad.
Sie sind zu dicht aufgefahren.	**Du er kørt for tæt på.** du er körd for ted po:.
Sie sind zu schnell gefahren.	**Du er kørt for stærkt.** du er körd for sdärgd.

Bitte geben Sie mir Ihren Namen und Ihre Adresse.	Vær sød at give mig dit navn og din adresse. wär söd ad gi mai did naun ow din a'dresse.
Bitte geben Sie mir Ihre Versicherung und Ihre Versicherungsnummer.	Vær sød at vise mig dine forsikringspapirer. wär söd ad wisemi dine for'sigringspapir.
Können Sie eine Zeugenaussage machen?	Kan du aflægge vidneudsagn? ka du aulägge widneudsaun?

Weitere Wörter

Abschleppseil	slæbetov, -et släbetow
Abschleppwagen	kranbil, -en kranbil
Achse	akse, -n agse
Anlasser	selvstarter, -en selsdarder
Auffahrunfall	påkøringsulykke, -n poköringsulögge
Auspuff	udstødningsrør, -et udstödningsrör
auswechseln	skifte ud sgifde ud
Autobahn	motorvej, -en motorwai
Autobahnauffahrt	motorvejstilkørsel, -slen motorwaistelkörsel

Autoschlüssel	bilnøgle, -n bilnoile
(Benzin-)Kanister	(benzin-)dunk, -en bensindung
Bremsflüssigkeit	bremsevæske, -n bremsewäsge
Bremslicht	stoplygte, -n sdoblögde
Dichtung	pakning, -en pagning
Ersatzreifen	reservehjul, -et re'serwejul
Ersatzteil	reservedel, -en re'serwedel
fahren	køre köre
Feuerlöscher	ildslukker, -en ilslo:gger
Frostschutzmittel	frostvæske, -n frostwäsge
Führerschein	kørekort, -et körekord
Gang	gear, -et gir
Gepäckträger	tagbagagebærer, -en tauba'gaschebär
Getriebe	gearkasse, -n girkasse
Glühbirne	pære, -n päre
Handbremse	håndbremse, -n ho:nbremse
Heizung	varmen warmen
Helm	hjelm, -en jelm
Hupe	horn, -et horn
Kanister	dunk, -en dung
kaputt	istykker isdögger
Katalysator	katalysator, -en katalü'sator
Keilriemen	kilerem, -men kilerem

Kfz-Schein	**indregistreringsattest, -en** inregisdreringsa'tesd
Kindersitz	**børnesæde, -t** börnesäde
Klimaanlage	**klimaanlæg, -get** klimaanläg
Kotflügel	**skærm, -en** sgärm
Kühler	**køler, -en** köler
Kühlwasser	**kølevæske, -n** kölwäsge
Kupplung	**kobling, -en** ko:bling
Kurve	**sving, -et** swing
Lack	**lak, -ken** lak
Ladekabel	**opladningskabel, -et** ob'ladningskabel
Landstraße	**landevej, -en** lannewai
Leerlauf	**tomgang, -en** tomgang
Lenkung	**styretøj, -et** stürtoi
Licht	**lys, -et** lüs
Lichtmaschine	**generator, -en** gener'tor
Luftfilter	**luftfilter, -et** lo:ftfilder
Maut(stelle)	**vejtold, -en** waitoll
Motorhaube	**motorhjelm, -en** motorjelm
Motoröl	**motorolie, -n** motorolje
Navigationssystem	**GPS, -en** gepees
Ölwechsel	**olieskift, -et** oljesgifd
parken	**parkere** par'ker
Parkhaus	**parkeringshus, -et** par'keringshus

Parkplatz	parkeringsplads, -en par'keringsplas
Parkscheibe	p-skive, -n p'sgiwe
Parkverbot	parkeringsforbud, -det par'keringsforbud
Rad	hjul, -et jul
Raststätte	rasteplads, -en rasdeplas
Reifen	dæk, -ket dek
Reifendruck	lufttryk, -ket lo:fdtrög
reparieren	reparere repa'rer
Reservereifen	reservedæk, -ket re'serwedek
Rücklicht	baglys, -et baulüs
Rückspiegel	bakspejl, -et bagsbail
Schalter	gearstang, -en girsdang
Scheibenwischer	vinduesvisker, -en winduswisger
Scheibenwischer-blätter	blade til vinduesviskerne blade te winduswisgerne
Scheinwerfer	lygte, -n lögde
Schneeketten	snekæder snekäder
Schutzbrief	forsikringsbevis, -et for'sigringsbe'wis
Sicherheitsgurt	sikkerhedssele, -n siggerhedssele
Sicherung	sikring, -en sigring
Spiegel	spejl, -et sbail

Starter	**selvstarter, -en** selsdarder
Starthilfekabel	**tændkabel, -blet** tänkabel
Stoßdämpfer	**støddæmper, -en** sdöddämber
Stoßstange	**kofanger, -en** kofanger
Tacho	**speedometer, -et** sbido'meder
Tankstelle	**tankstation, -en** tangsta'schon
Unfall	**ulykke, -n** ulögge
Unfallprotokoll	**ulykkesrapport, -en** ulöggesrapport
Ventil	**ventil, -en** wentil
Verbandskasten	**forbindingskasse, -n** forbiningskasse
Vergaser	**karburator, -en** kabu'rator
grüne Versicherungskarte	**grønt forsikringskort, -et** grönd for'sigringskord
Vorfahrt	**forkørselsret, -ten** forkörselsrad
Warndreieck	**advarselstrekant, -en** adwarsels'trekand
Werkstatt	**værksted, -et** werksded
Wohnmobil	**campingbil, -en** kambingwown

Zeuge, Zeugin	**vidne, -t** widne
Zündkabel	**tændingskabel, -blet** tänningskabel
Zündkerze	**tændrør, -et** tänrör
Zündung	**tænding, -en** tänning
Zusammenstoß	**sammenstød, -et** sammensdöd

Nahverkehr

Wo ist die nächste U-Bahn-Station/ Bushaltestelle?	**Hvor er den nærmeste Metro station/det nærmeste busstoppested?** wor er den närmsde metro sda'schon/de närmsdebusstobbesded?
Wo hält der Bus nach ...?	**Hvor holder bussen til ...?** wor holer bussen te ...?
Welcher Bus/Welche U-Bahn fährt nach ...?	**Hvilken busHvilket S-tog kørertil?** wilgen buswilged stowköre te?

Das könnten Sie hören:

Bus nummer ... bus nummer ...
Der Bus Nummer ...

Metroen til ... metroen te ...
Die U-Bahn-Linie nach ...

Wann fährt der nächste Bus nach ...?	**Hvornår kører den næste bus til ...?** worno:r köre den näsde bus te ...?
Wann fährt der letzte Bus?	**Hvornår kører den sidste bus?** worno:r köre den sisde bus?
Muss ich nach ... umsteigen?	**Skal jeg skifte tog til ...?** sga jai sgifde tow te ...?
Sagen Sie mir bitte, wo ich aussteigen/ umsteigen muss?	**Vil du være sød at sige mig, hvor jeg skal stå af/skifte?** we du wär söd ad sie mai, wor jai sg sdo: a/sgifde?

Info Fahrscheine bekommen Sie an Automaten, an Fahrkartenschaltern an den Haltestellen und direkt im Bus. Meist gibt es Streifenkarten. Die genauen Informationen erhalten Sie an den Fahrkartenschaltern.

Wo gibt es die Fahrscheine?	**Hvor kan jeg købe billetter?** wor ka jai köb bi'ledder?
Bitte einen Fahrschein nach ...	**Jeg vil gerne bede om en billet til ...** jai we gerne be om en bi'led te ...

Gibt es ►	Kan man få ► kan man fo: ►
► Tageskarten?	► endagsbilletter? endäsbi'ledder?
► Mehrfahrten-karten?	► klippekort? klibbekord?
► Wochenkarten?	► ugekort? uekord?

Weitere Wörter

Abfahrt	afgang, -en augang
aussteigen	stå af sdo: a
Busbahnhof	busterminal, -en bustermi'nal
Endstation	endestation, -en änsda'schon
entwerten	stemple sdemble
Entwerter	klippekortautomat, -en klebekordauto'mad
Fahrer(in)	chauffør, -en scho'för
Fahrkarte	billet, -ten bi'led
Fahrkartenautomat	billetautomat, -en bi'ledauto'mad
Fahrplan	køreplan, -en köreplan
Fahrpreis	billetpris, -en bi'ledpris
halten	holde ho:le

Haltestelle	busstoppested, -et busstobbesded
Kontrolleur(in)	kontrollør, -en kontro'lör
Richtung	retning, -en redning
S-Bahn	S-tog, -et s'tow
Schaffner(in)	kontrollør, -en kontro'lör
Stadtzentrum	centrum, -centret sentrum
Taxistand	taxaholdeplads, -en taksa'holleplas

Taxi

Könnten Sie mir für (morgen um) ... Uhr ein Taxi bestellen?

Kunne du være sød at bestille entaxa til mig til (i morgen) klokken ...?
ku du wär söd d be'sdelle en taksa te mai te (i morn) kloggen ...?

Wo bekomme ich ein Taxi?

Hvor får jeg fat i en taxa?
wor for jai fad i en taksa?

Sind Sie frei?

Er du ledig? er du ledi?

Bitte ►	**Jeg skal ►, tak!** jai sga ►, tak!
► zum Bahnhof.	► **til stationen** te sda'schonen
► zum Flughafen.	► **til lufthavnen** te lo:fdhaunen
► zum Hotel ...	► **til hotellet ...** te ho'telled ...
► in die Innenstadt.	► **ind til centrum** in te sentrum
► in die ... (Straße).	► **til ...** te ...
Wie viel kostet es nach ...?	**Hvor meget koster det til ...?** wor maid kosder de te ...?
Man hat mir (im Hotel) gesagt, dass es nur ... Kronen kostet.	**De sagde (på hotellet), at det kunkoster ... kroner.** di sä (po:ho'telled), ad de kun kosder ... kroner.
Bitte schalten Sie den Taxameter ein/ auf null.	**Vær sød at slå taxameteret tilnulstille taxameteret.** wär söd ad slo: taksa'medered te/ nulsdille taksa'medered.
Fahren Sie bitte etwas langsamer.	**Vær venlig at køre lidt langsommere.** wär wenli ad kör lid langsommer.

Warten/Halten Sie hier bitte (einen Augenblick)!	**Vær sød at venteholde her (etøjeblik)!** wär söd ad wende/hole her (ed oieblig)!

Per Mitfahrgelegenheit

Fahren Sie nach ...?	**Kører du til ...?** köre du te ...?
Können Sie mich (ein Stück) mitnehmen?	**Kunne du give mig et lift?** ku du gi mai ed lifd?

Das könnten Sie hören:
Hvor vil du af? wor we du a?
Wo wollen Sie aussteigen?

Bitte lassen Sie mich hier aussteigen.	**Jeg vil gerne af her.** jai we gerne a her.
Vielen Dank fürs Mitnehmen.	**Tusind tak for turen.** tusin tak for turen.

Übernachten

Information

Wo ist die Touristik-information?	**Hvor er turistinformationen?** wor er tu'risdinforma'schonen?

Info Bei der Zimmersuche können Sie sich entweder direkt an die Hotels oder an die Touristikinformationen wenden. Sie erkennen diese Fremdenverkehrsbüros an einem grünen oder roten Schild mit einem weißem i. Die Adressen und Telefonnummern der Touristikinformationen finden Sie im Internet unter www.visitdenmark.com.

Wissen Sie, wo ich hier ein Zimmer finden kann?	**Ved du hvor jeg kan leje et værelse her?** we du wor jai ka laie ed wärelse her?
Können Sie mir ► empfehlen?	**Kan du anbefale mig ►** ka du anbefale mai ►
► ein gutes Hotel	► **et godt hotel?** ed gott hot'el?
► ein preiswertes Hotel	► **et billigt hotel?** ed billi hot'el?
► eine Pension	► **et pensionat?** ed pangscho'nad?
► eine Privatunterkunft	► **en privatindkvartering?** en pri'wad'inkwartering?

Wie viel kostet es (ungefähr)?	**Hvad koster det (cirka)?** wa kosder de (sirka)?
Können Sie für mich dort reservieren?	**Kunne du reservere et værelse til mig der?** ku du resa'were ed wärelse te mai der?
Gibt es hier eine Jugendherberge/einen Campingplatz?	**Er der et vandrehjem/en campingplads her?** er der ed wandrejem/en kämbingplas her?

Info Jugendherbergen sind eine preiswerte Alternative zu Hotels. Sie haben in Dänemark einen sehr guten Standard und werden nicht nur von jüngeren Menschen gerne gebucht.

Ist es weit von hier?	**Er det langt herfra?** er de langd herfra?
Wie komme ich dorthin?	**Hvordan kommer jeg derhen?** wordan kommer jai derhen?

Hotel und Pension

Ankunft

Für mich ist bei Ihnen ein Zimmer reserviert. Mein Name ist …	Der er reserveret et værelse til mighos jer. Mit navn er … der er resa'wered ed wärelse te mai h:os jer. mid naun er …
Haben Sie ein Doppelzimmer/ Einzelzimmer frei ►	Har I et ledigt dobbeltværelse/ enkeltværelse ► har i ed ledi dobbelwärelse/ enkelwärelse ►
► für eine Nacht?	► for en nat? for en nad?
► für … Nächte?	► for … nætter? for … nädder?
► mit Bad?	► med bad? me bad?
► mit Dusche?	► med brusebad? me brusebad?
► mit Balkon?	► med altan? me al'tan?
► mit Klimaanlage?	► med klimaanlæg? me klimaanläg?
► mit Blick aufs Meer?	► med havudsigt? me hauudsigd?

Das könnten Sie hören:

Vi er desværre booket op.
wi er deswärre buged ob.
Wir sind leider ausgebucht.

I morgen/Den ... bliver et værelse ledigt.
i morn/den ... blir ed wärelse ledi.
Morgen / Am ... wird ein Zimmer frei.

Wie viel kostet es ▸	Hvad koster det ▸ wa kosder de ▸
▸ mit Frühstück?	▸ med morgenmad? me mornmad?
▸ ohne Frühstück?	▸ uden morgenmad? uden mornmd?
▸ mit Halbpension?	▸ med halvpension? me halpang'schon?
▸ mit Vollpension?	▸ med fuldpension? me fulpang'schon?
Gibt es eine Ermäßigung, wenn man ... Nächte bleibt?	Får man rabat, hvis man bliver i ... nætter? for man ra'bad, wis man blir i ... nädder?
Kann ich mir das Zimmer ansehen?	Kan jeg få værelset at se? ka jai fo: wärelsed ad se?

Könnten Sie ein zusätzliches Bett aufstellen?	**Kunne vi få stillet en ekstra sengop?** ku wi fo: sdilled en eksdra seng ob?
Haben Sie noch ein anderes Zimmer?	**Har I også et andet værelse?** har i osse ed änned wärelse?
Es ist sehr schön. Ich nehme es.	**Det er meget pænt. Jeg tager det.** de er maid pänt. jai tar de.
Könnten Sie mir das Gepäck aufs Zimmer bringen?	**Kunne I venligst bringe min bagageop på værelset?** ku i wenlisd bringe min ba'gasche ob po: wärelsed?
Wie lautet das WLAN-Passwort?	**Hvad er Wi-Fi®-adgangskoden?** wa er 'waifai 'ädgangsko:dän
Wo ist das Bad?	**Hvor er badeværelset?** wor er badewärelsed?
Wo kann ich meinen Wagen abstellen?	**Hvor kan jeg stille min bil?** wor ka jai sdille min bil?
Gibt es einen Parkplatz mit E-Ladestation?	**Er der en parkeringsplads med en ladestander?** er der en par'keringsplas med en ladestanär?

Wo ist der Speisesaal/ Frühstücksraum?	**Hvor er spisesalen/restauranten?** wor er sbisesalen/resdau'rangen?
Wann gibt es Frühstück?	**Hvornår er der morgenmad?** worno:r er der mornmad?
Haben Sie ein Hotelkärtchen für mich?	**Må jeg bede om et hotelvisitkort?** mo: jai be om ed ho'telwi'sidkord?

Service

Kann ich Ihnen meine Wertsachen zur Aufbewahrung geben?	**Kan I opbevare mine værdigenstande?** ka i obbe'ware mine wär'digensdanne?
Ich möchte meine Wertsachen abholen.	**Jeg vil gerne hente mine værdigenstande.** jai we gerne hende mine wär'digensdanne.
Bitte den Schlüssel für Zimmer ...	**Jeg vil gerne bede om nøglen til værelse ...** jai we gerne be om noilen te wärelse ...

Meine Tür lässt sich nicht abschließen.	**Min dør kan ikke låses.** min dör ka igge lo:ses.
Könnte ich bitte noch ► haben?	**Kunne jeg bede om ►** ku jai be om ►
► eine Decke	► **en dyne til?** en düne te?
► ein Handtuch	► **et håndklæde til?** ed ho:nkläde te?
► ein paar Kleiderbügel	► **nogle flere bøjler?** nole flere boiler?
► ein Kopfkissen	► **en hovedpude til?** en howedpude te?
Ich habe mich aus meinem Zimmer ausgesperrt.	**Jeg har lukket mig ude af mit værelse.** jai har lo:gged mai ud a mid wärelse.
Das Fenster geht nicht auf/zu.	**Vinduet kan ikke åbnes/lukkes.** windued ka igge o:bnes/lo:gges.
► funktioniert nicht.	► **virker ikke.** ► wirger igge.
► Die Dusche	► **Brusebadet** brusebaded
► Der Fernseher	► **Fjernsynet** fjernsüned

▸ Die Heizung	▸ **Varmeanlægget** warmeanlägged
▸ Der Internet-anschluss	▸ **Internettet** internedded
▸ Die Klimaanlage	▸ **Klimaanlægget** klimaanlägged
▸ Das Licht	▸ **Lyset** lüsed
▸ Die Spülung	▸ **Udskylningen** udsgölningen
Der Wasserhahn tropft.	**Vandhanen drypper.** wanhanen dröbber.
Es kommt kein (warmes) Wasser.	**Der kommer ikke noget (varmt) vand.** der kommer igge no:ed (warmd) wan.
Der Abfluss/Die Toilette ist verstopft.	**Afløbet/Toilettet er tilstoppet.** aulöbed/toi'leddet er telsto:bbed.
... ist schmutzig.	**... er snavset.** ... er snaused.

Abreise

Wecken Sie mich bitte (morgen früh) um ... Uhr.	**Vil du være sød at vække mig (imorgen) klokken ...** wil du wär söd ad wägge mai (i mo:rn) kloggen ...
Wir reisen morgen ab.	**Vi rejser i morgen.** wi raiser i morn.
Machen Sie bitte die Rechnung fertig.	**Jeg vil gerne bede om regningen.** jai wil gerne be om rainingen.
Es war sehr schön hier.	**Det var meget dejligt her.** de wa maid dailid her.
Bis wie viel Uhr muss man auschecken?	**Hvornår skal man senest checket ud?** worno:r sga man senesd tjekke ud?
Kann ich später auschecken?	**Kan jeg checke ud senere?** ka jai tjegge ud sener?
Kann ich mein Gepäck noch bis ... Uhr hierlassen?	**Kan jeg lade min bagage bliver hertil klokken ...?** ka jai la min ba'gasche blie her te kloggen ...?
Rufen Sie bitte ein Taxi.	**Vil du være sød at ringe efter en taxa.** wil du wär söd ad ringe efder en taksa.

Kann ich mit EC-Karte/Kreditkarte zahlen?	**Kan jeg betale med Maestro-kort/ kreditkort?** ka jai be-tale me maisdrokord/kredidkord?

Ferienwohnung

Wir haben die Wohnung ... gemietet.	**Vi har lejet lejligheden ...** wi har laied lailiheden ...

Das könnten Sie hören:
Må jeg bede om din voucher?
mo: jai be om din wou'scher?
Dürfte ich bitte Ihren Gutschein haben?

Wo bekommen wir die Schlüssel?	**Hvor kan vi få fat i nøglerne?** wor ka wi fo: fad i noilerne?
Könnten wir bitte noch zusätzliche Bettwäsche/ Geschirrtücher bekommen?	**Kunne vi bede om noget (ekstra) sengetøj/nogle (ekstra) viskestykker?** ku wi be om no:ed (eksdra) sengetoi/nole (eksdra) wisgesdögger?
Wo ist der Sicherungskasten?	**Hvor sidder sikringerne?** wor sidder sigringerne?

Könnten Sie uns bitte erklären, wie ► funktioniert?	**Kunne du venligst forklare os, hvordan ► virker?** ku du wenlist forklare os, wordan ► wirger?
► die Spülmaschine	► **opvaskemaskinen** obwasgema'sginen
► der Herd	► **komfuret** kom'fured
► die Waschmaschine	► **vaskemaskinen** wasgema'sginen
Wohin kommt der Müll?	**Hvor kommer affaldet hen?** wor kommer au'fal hen?
Wo ist ►	**Hvor er ►** wor er ►
► ein Lebensmittelgeschäft?	► **købmand?** kö'man?
► die nächste Bushaltestelle?	► **det nærmeste busstoppested?** de närmsde busstobbesded?
► eine Bäckerei?	► **bageri?** bärri?
Könnten Sie uns bitte sagen, wo eine Bäckerei/die nächste Bushaltestelle ist?	**Kunne du venligst sige mig, hvoretbageri/det nærmeste busstoppested er?** ku du wenlisd sie mai, wor et bärri/de närmsde busstobbesded er?
Wo können wir das Auto abstellen?	**Hvor kan vi parkere bilen?** wor ka wi par'ker bilen?

Camping

Dürfen wir auf Ihrem Grundstück zelten?	**Må vi slå telt op på din grund?** mo: wi slo: teld ob po: din gro:n?

Info In Dänemark gibt es etwa 500 klassifizierte Campingplätze – die meisten in landschaftlich schönen Gegenden, viele in Küstennähe. Man erkennt diese Campingplätze an einem grünen Wimpel mit einem stilisierten Zelt darauf. Das Campen ist außerhalb der Campingplätze nicht erlaubt. Weitere Informationen zum Thema Camping erhalten Sie unter www.visitdenmark.com.

Haben Sie noch Platz für ...?	**Har du plads til ...?** har du plas te ...?
Wie hoch ist die Gebühr für ►	**Hvor meget koster det for ►** wor maid kosder de for ►
► Erwachsene und Kinder?	► **... voksne og ... børn?** ... wogsne ow ... börn?
► einen Pkw mit Wohnwagen?	► **en bil med campingvogn?** en bil me kämbingwown?
► ein Wohnmobil?	► **en campingbil?** en kämbingbil?
► ein Zelt?	► **et telt?** ed teld?

Gibt es hier Stromanschluss?	**Er her tilslutning til el?** er her tesludning te el?
Vermieten Sie auch Bungalows/ Wohnwagen?	**Udlejer I også sommerhuse/ campingvogne?** udlaier i osse sommerhuse/kämbingwowne?
Wir möchten einen Tag/... Tage bleiben.	**Vi ville gerne blive en dag/... dage.** wi wille gerne blie en dä/... dä.
Wo können wir unser Zelt aufstellen?	**Hvor kan vi slå vores telt op?** wor ka wi slo: wores teld ob?
Wo sind die Waschräume/ Toiletten?	**Hvor er toiletrummene/ toiletterne?** wor er toi'ledrummne/toi'ledderne?
Wo kann ich das Chemieklo entsorgen?	**Hvor kan jeg tømme det kemiske toilet?** wor ka jai tömme de kemisge toi'led?
Kann ich hier Gasflaschen kaufen/ umtauschen?	**Kan jeg købe/bytte gasflasker her?** ka jai köbe/bydde gasflasger her?

Weitere Wörter

abreisen	**afrejse, -n** auraise
Adapter	**adapter, -en** a'dabder
Anmeldung	**reception, -en** reseb'schon
Anzahlung	**acontobeløb, -et** a'kontobe'löb
Appartement	**lejlighed, -en** lailihed
Aschenbecher	**askebæger, -et** asgebär
Aufenthaltsraum	**opholdsrum, -met** obho:lsrum
Aufzug	**elevator, -en** ele'wator
Badewanne	**badekar, -ret** badekar
Beanstandung	**reklamation, -en** reklama'schon
Besen	**kost, -en** ko:sd
Bett	**seng, -en** seng
Bettdecke	**dyne, -n**
Bettlaken	**lagen, -gnet** län
Bettwäsche	**sengetøj, -et** sengetoi
bügeln	**stryge** sdrüe
Bungalow	**sommerhus, -et** sommerhus
Camping	**camping, -en** kämbing
Decke	**dyne, -n** düne
Doppelbett	**dobbeltseng, -en** dobbelseng
Dusche	**brusebad, -et** brusebad
Einzelbett	**enkeltseng, -en** enkelseng
Empfang	**reception, -en** reseb'schon

Endreinigung	slutrengøring, -en sludrengöring
Etage	etage, -n eta'sche
Etagenbetten	etagesenge eta'schesenge
Ferienhaus	sommerhus, -et sommerhus
Ferienwohnung	ferielejlighed, -en ferjelailihed
Fernseher	fjernsyn, -et fjernsün
Foyer	foyer, -en foi'je
Frühstücksbüfett	morgenmadsbuffet, -en mornmadsbü'fe
Frühstücksraum	restaurant, -en res'daurang
Gaskartusche	gaspatron, -en gaspa'tron
Gaskocher	gasapparat, -et gasabba'rad
Geschirr	porcelæn, -et porse'län
Glas	glas, -set glas
Glühbirne	pære, -n päre
Hammer	hammer, -en hammer
Handtuch	håndklæde, -t ho:nkläde
Hauptsaison	højsæson, -en hoisä'song
Hausverwaltung	husforvaltning, -en husfor'waldning
Herd	komfur, -et kom'fur
Hering	pløk, -ken plög
Hotel	hotel, -let ho'tel
Hotelkärtchen	hotelvisitkort, -et ho'tellwi'sidkord
Isomatte	liggeunderlag, -et liggeo:nnerla

Jugendherberge	vandrehjem, -met	wandrejem
Kaffeemaschine	kaffemaskine, -n	kaffema'sgine
Kamin	pejs, -en	pais
Kaminholz	brænde, -t	branne
kaputt	istykker	isdögger
Kaution	depositum, -met	deposi'tum
Kinderbett	barneseng, -en	barneseng
Kocher	kogeapparat, -et	ko:weabba'rad
Kühlschrank	køleskab, -et	kölesgab
Lampe	lampe, -n	lambe
Leihgebühr	lejegebyr, -et	laiege'bür
Licht	lys, -et	lüs
Luftmatratze	luftmadras, -sen	lo:fdma'dras
Matratze	madras, -sen	ma'dras
Miete	leje, -n	laie
mieten	leje	laie
Moskitonetz	moskitonet, -tet	mo'sgitonet
Moskitospirale	moskitospiral, -en	mo'sgitospiral
Mülleimer	skraldespand, -en	sgrallespan
Nachsaison	eftersæson, -en	efdersä'song
Notausgang	nødudgang, -en	nödudgang
Putzmittel	rengøringsmiddel, -midlet	rengöringsmidler
Rechnung	regning, -en	raining
reservieren	reservere	resa'wer

reserviert	**reserveret** reser'wered
Rezeption	**reception, -en** reseb'schon
Safe	**boks, -en** boks
Schlafsaal	**sovesal, -en** sowesal
Schlafsack	**sovepose, -n** sowepose
Schlüssel	**nøgle, -n** noile
schmutzig	**snavset** snaused
Schrank	**skab, -et** sgab
Sessel	**lænestol, -en** länesdol
Sicherung	**sikring, -en** sigring
elektrische Spannung	**elektrisk spænding, -en** elegtrisg späning
Spiegel	**spejl, -et** sbail
Steckdose	**stikkontakt, -en** sdigkontakt
Stecker	**stik, -ket** sdig
Stuhl	**stol, -en** sdol
Swimmingpool	**swimming pool, -en** swimming pul
Telefon	**telefon, -en** tele'fon
Terrasse	**terrasse, -n** ter'rasse
Tisch	**bord, -et** bor
Toilette	**toilet, -tet** toi'led
Toilettenpapier	**toiletpapir, -et** toi'ledpapir
Trinkwasser	**drikkevand, -et** driggewan
Ventilator	**ventilator, -en** wentila'tor
Verlängerungskabel	**forlængerledning, -en** for'längerledning

Verlängerungswoche	**en ekstra uge, -n** en eksdra ue
Voranmeldung	**forudgående anmeldelse, -n** forudgo:ne anmelse
Vorsaison	**forsæson, -en** fo:rsä'song
Waschbecken	**vask, -en** wasg
waschen	**vaske** wasge
Wäschetrockner	**tørretumbler, -en** törretomb'ler
Waschmaschine	**vaskemaskine, -n** wasgema'sgine
Waschmittel	**vaskepulver, -et** wasgepo:lwer
Waschraum	**vaskerum, -met** wasgerum
Wasser	**vand, -et** wan
Wasserhahn	**vandhane, -n** wanhane
WLAN	**Wi-Fi®** 'waifai
Wohnmobil	**campingbil, -en** kämbingbil
Wohnwagen	**campingvogn, -en** kämbingwown
Zelt	**telt, -et** teld
zelten	**slå telt op** slo: teld ob
Zimmer	**værelse, -t** wärelse

KLASSISK SNEGL
Cinnamon Twister 28,-
CHOKOLADE CROISSANT
KERNEBOLLE
MULTIGRAIN BUN
15 KR.
CIABATTABOLLE
15 KR.

Essen & Trinken

Smørrebrød

Belegte Brote

fersk røget laks fersg roied lags	frisch geräucherter Lachs
flæskesteg med gurkesalat fläsgestai me gurkesa'lad	Schweinebraten mit Gurkensalat
kogt oksebryst med peberrod kogd oksebrysd mepewerrod	gekochte Ochsenbrust mit Meerettich
leverpostej med ristet bacon lewerpostej me resded bakon	Leberpastete mit Speck
makrel i tomat mkrel i to'mad	Makrele in Tomatensoße
marineret sild mrinered sil	marinierter Hering
mørbradbøf med sprøde løg mörbrböf me sbröde loi	Lendensteak mit Röstzwiebeln
roastbeef med bløde løg rost'bif me blöde loi	Roastbeef mit Zwiebeln
rullepølse med sky rullepölse me sgü	Schweinerollwurst mit Fleischgelee
rødspætte med remoulade rödspädde me remulde	Schollenfilet mit Remoulade
røget ål med røræg roied o:l me röräg	geräucherter Aal mit Rührei

Kolde forretter

Kalte Vorspeisen

avocado med kaviar awo'kado me kawiar	Avocado mit Kaviar
avocado med rejer awo'kado me raier	Avocado mit Krabben
carpacchio kar'patscho	Carpaccio
fyldte champignons fülde schamping'jongs	gefüllte Champignons
gravad laks med sennepsovs grwäd lags me sennebsows	gebeizter Lachs mit Senfsoße
landgangsbrød langangsbröd	größeres Stück Baguettebrot mit Aufschnitt oder Aufstrich
lufttørret skinke lo:fdtörred sginke	luftgetrockneter Schinken
rejecocktail raiekokteil	Krabbencocktail
rejemad raiemd	Toast mit Krabben
rejesoufflé raiesu'fle	Krabbensoufflé
røget fjordlaks röjet fjorlaks	geräucherter Fjordlachs
salat sa'lad	Salat
smørrebrød smörbröd	kleine Schnitten mit Aufschnitt oder Aufstrich
syltede sild süldede sil	eingelegter Hering
tomat- og mozzarellasalat to'mad- ow modsa'rellasalad	Tomaten- und Mozzarellasalat

Varme forretter/Snacks

Warme Vorspeisen/Snacks

forårsrulle foro:rsrulle	Frühlingsrolle
omelet ome'led	Omelett
oste- og skinketærte o:sd' ow sginketärde	herzhafter Kuchen mit Käse und Schinken
tærte tärde	herzhafter Kuchen mit verschiedenen Zutaten
æg äg	Ei

Supper

Suppen

aspargessuppe a'sbargesso:bbe	Spargelsuppe
champignonsuppe schambing'jongso:bbe	Pilzsuppe
fiskesuppe fisgeso:bbe	Fischsuppe
grønsagssuppe grönsgsso:bbe	Gemüsesuppe
kødsuppe ködso:bbe	Fleischsuppe
tomatsuppe to'madso:bbe	Tomatensuppe
ærtesuppe erdeso:bbe	Erbsensuppe

Kødretter

Fleischgerichte

bacon bäkon	Speck
benløse fugle benlöse fuhle	Rouladen
biksemad bigsemd	Bauernfrühstück
brasekartofler, løg og hakkebøf med spejlæg braseka'tofler, loi ow hakkeböfme sbailäg	gebratene Kartoffeln, Zwiebeln und Fleisch mit Spiegelei
engelsk bøf engelsg böf	Rumpsteak
flæske- fläsge-	Schweine-
flæskesteg fläsgesdai	Schweinebraten
frikadeller frikadeller	gebratene Fleischklößchen
fyldt hvidkål med hakkekød og ris füld widko:l me haggeköd ow ris	gefüllter Weißkohl mit Hackfleisch und Reis
hakkebøf haggeböf	(Hack-)Steak

hakkekød haggeköd	Hackfleisch
kalve- kalwe-	Kalbs-
kotelet kote'led	Kotelett
kødgryde ködgrüde	Fleischeintopf
lammekølle lammekölle	Lammkeule
lever lewer	Leber
medisterpølse me'disderpölse	Bratwurst
mørbradbøf mörbraböf	Lendensteak
okse- okse-	Rind-
oksefilet oksefile	Rinderfilet
pølse pölse	Wurst
roastbeef ro:st'bif	Roastbeef
skinke sginke	Schinken
sparerips sbareribs	Rippe
svinemørbrad swinemörbra	Schweinefilet
tunge to:nge	Zunge

Fjerkræ

Geflügel

agerhøne ärhöne	Rebhuhn
and än	Ente
fasan fa'san	Fasan
gås go:s	Gans
høne höne	Huhn
kalkun kal'kun	Pute
kylling külling	Hähnchen

Vildt

Wild

dyreryg dürerüg	Rehrücken
dådyr do:dür	Reh
elg elj	Elch
hare har	Hase
hjort jord	Hirsch
kanin ka'nin	Kaninchen
vildsvin wildswin	Wildschwein

Fisk

Fisch

aborre aborre	Barsch
ansjoser an'schoser	Anchovis
fiskeboller fisgeboller	Fischklößchen
fiskegratin fisgegra'ting	Fischauflauf
fiskestave fisgesdawe	Fischstäbchen
forel fo'rel	Forelle
gedde gedde	Hecht
hellefisk hellefisg	Heilbutt
klipfisk klibfisg	eingeweichter Stockfisch
laks lags	Lachs
makrel ma'krel	Makrele
pigvar pigwar	Steinbutt
regnbueørred rainbueörred	Regenbogenforelle
rogn rown	Rogen
rødspætte rödsbädde	Scholle
røget sild röjed sil	Bückling
sandart sandart	Zander

sild sil	Hering
sild fra Østersøen sil fra ösdersöen	Ostseehering
skrubbe sgrubbe	Flunder
sværdfisk swärdfisg	Schwertfisch
søtunge söto:nge	Seezunge
torsk torsg	Kabeljau
tunfisk tunfisg	Thunfisch
ål o:l	Aal

Muslinger og skaldyr

Muscheln und Schalentiere

alt godt fra havet ald gott fra hawed	Meeresfrüchte
fjordrejer fjorraie	Garnele
hummer ho:mmer	Hummer
muslinger muslinger	Muscheln
rejer raier	Krabben
østers ösders	Austern

Tilbehør

Beilagen

brasekartofler braseka'tofler	Bratkartoffeln
brunede kartofler bruned ka'tofler	glasierte Kartoffeln
kartoffelbåde ka'toffelbo:de	Kartoffelspalten
kartoffelgratin ka'toffelgra'ting	Kartoffelauflauf
kartoffelmos ka'toffelmos	Kartoffelpüree
kogte kartofler kogte ka'tofler	gekochte Kartoffeln
nudler nudler	Nudeln
pommes frites pom frits	Pommes frites
ris ris	Reis
spaghetti sbageddi	Spaghetti
tyttebærkompot tüddebärkompod	Preiselbeerkompott
æblemos äblemos	Apfelmus

Grønsager

Gemüse

agurk a'gurg	Gurke
artiskok artis'ko:k	Artischocke
asparges a'sbars	Spargel
aubergine oberschine	Aubergine
avocado awo'kado	Avocado
blomkål blomko:l	Blumenkohl
bønner bönner	Bohnen
champignoner schmping'jonger	Champignons
grønne ærter grönne ärder	grüne Erbsen
gulerødder guleródder	Karotten
kålrabi ko:lrbi	Kohlrabi
kålroe ko:lroe	Steckrübe
linser linser	Linsen
løg loi	Zwiebel
majs mis	Mais
oliven o'liwen	Oliven
peberfrugt, -en pewerfro:gd	Paprikaschote

porre porre ..... Lauch
radise rdise ..... Radieschen
rødbede robede ..... Rote Bete
spinat sbind ..... Spinat
squash sgwosch ..... Zucchini
svampe swmbe ..... Pilze
tomat to'mad ..... Tomate

Tilberedningsformer

Zubereitungsart

flamberet flambered ..... flambiert
friteret friterd ..... frittiert
gratineret gra'tinered ..... überbacken
grillet grilled ..... gegrillt
kogt kogd ..... gekocht
krydderurtemarineret krödderurdemari'nered ..... mit Kräutern mariniert
marineret mari'nered ..... mariniert
opbagt obbagd ..... in Mehlschwitze
ovnbagt ownbagd ..... im Ofen gebacken
ovnstegt ownsdegd ..... im Ofen gebraten

paneret pa'nered	paniert
ristet resded	geröstet
røget roied	geräuchert
stegt sdegd	gebraten
syltet sülded	eingelegt

Dessert

Nachtisch

chokoladebudding schogo'ladebuding	Schokoladenpudding
flødeskum flödesgo:m	Schlagsahne
frugtsalat fro:gdsa'lad	Obstsalat
is is	Eis
marengs mar'rings	Baiser
risbudding risbuding	Reispudding
rødgrød med fløde rödgröd me flö	rote Grütze mit Schlagsahne
syltede sülded	Eingemachtes
vanillesovs wa'niljesows	Vanillesoße

Kager

Kuchen und Gebäck

blåbærkage blo:bärkä	Blaubeerkuchen
boller boller	süße Brötchen
chokoladekage schogo'ldekä	Schokoladenkuchen
frugttærte fro:gdtärde	Obsttorte
hvid chokoladekage wid schogo'ladekä	weicher Schokoladen-kuchen
kvarkkage kwargkä	Käsekuchen
lagkage lukä	Torte
othellokage o'tellokä	Schokoladenschnitte
pandekager pannekär	Pfannkuchen
rabarberkage rababerkä	Rhabarberkuchen
roulade ru'lade	Biskuitrolle
smørkage smörkä	Butterstrudel
småkager smo:kär	Plätzchen
søsterkage sösderkä	Napfkuchen
wienerbrød wienerbröd	Plunderstück
æblekage äblekä	Apfelkuchen

Vin

Wein

halvtør vin haltör win	halbtrockener Wein
husets vin huseds win	Hauswein
hvidvin widwin	Weißwein
mousserende hvidvin musserne widwin	Schaumwein, Sekt
portvin pordwin	Portwein
rosé ro'se	Rosé
rødvin rödwin	Rotwein
sød vin söd win	süßer, lieblicher Wein
tør vin tör win	trockener Wein

Spiritus

Andere alkoholische Getränke

fadøl fadöl	Fassbier
gløgg glögg	Glühwein
let øl led öl	Leichtbier bis 2,25 % Alkohol
lyst øl lüsd öl	helles Bier
mørkt øl porder	dunkles Bier

pilsner pilsner	mittelstarkes Bier bis 4,5% Alkohol
porter porder	Starkbier ab 4,5% Alkohol
rom rom	Rum
snaps snabs	Schnaps
stor porter sdor porder	großes Starkbier 0,4 l
øl öl	Bier

Drikkevarer

Alkoholfreie Getränke

appelsinjuice abbel'sindjuse	Orangensaft
danskvand dansgwan	Wasser
juice djuse	Saft
mineralvand mine'ralwan	Mineralwasser
sodavand sodawan	Limonade
tomatsaft to'madasfd	Tomatensaft
æblejuice äbledjuse	Apfelsaft

Varme drikkevarer

Heiße Getränke

grøn te grön te	grüner Tee
kaffe (med/uden mælk) kaffe (me/uden mälg)	Kaffee (mit/ohne Milch)
sort te sord te	schwarzer Tee
te (med citron) te (me si'tron)	Tee (mit Zitrone)
urtete urdete	Kräutertee
varm chokolade (med flødeskum) warm schogo'lade (me flödesgum)	heiße Schokolade (mit Schlagsahne)

Restaurantsuche

Wo gibt es hier in der Nähe ►	**Hvor i nærheden er der ►** wor i närheden er der ►
► ein Café?	**► en café?** en kafe?
► eine Kneipe?	**► en pub?** en pop?
► ein preiswertes Restaurant?	**► en billig restaurant?** en billi resdau'rang?
► ein typisch dänisches Restaurant?	**► en typisk dansk restaurant?** en tübisg dansg resdau'rang?
► einen Schnellimbiss?	**► en snackbar?** en sangbr?

Info In Dänemark wurde im August 2007 ein weitgehendes Rauchverbot erlassen. Es gilt für Gaststätten und Restaurants, öffentliche Gebäude und Plätze, den öffentlichen Nahverkehr sowie für Büros und Erziehungseinrichtungen.

Das könnten Sie hören:

Ryger- eller ikkerygerafdelingen?
rüer- eller iggerüerudelingen?
Raucher- oder Nichtraucherzone?

Einen Tisch für ... Personen bitte.	**Vi vil gerne bede om et bord til ... personer.** wi we gerne be om ed bor te ... per'soner.
Ich möchte einen Tisch für zwei/sechs Personen um ... Uhr reservieren.	**Jeg vil gerne reservere et bord til to/seks personer til klokken ...** jai we gerne reser'wer ed bor te to/seks per'soner te kloggen ...
Wir haben einen Tisch für ... Personen reserviert (auf den Namen ...).	**Vi har reserveret et bord til ... personer (under navnet ...).** wi har reser'wered ed bor te ... per'soner (o:nner nauned ...).
Ist dieser Tisch noch frei?	**Er dette bord ledigt?** er dedde bor ledi?
Ist dieser Platz noch frei?	**Er denne plads ledig?** er denn plas ledi?
Entschuldigung, wo sind hier die Toiletten?	**Undskyld, men hvor er toiletterne?** o:nsgül, men wor er toi'ledderne?

Bestellen

Ist hier Selbstbedienung?	**Er her selvbetjening?** er her selbe'tjening?
Die Karte bitte.	**Må vi bede om spisekortet.** mo: wi be om sbisekorded.
Haben Sie die Speisekarte auch auf Deutsch/Englisch?	**Har I også et spisekort på tysk/engelsk?** har i osse ed sbisekord po: tüsg/engelsg?

Info Um die Bedienung auf sich aufmerksam zu machen, geben Sie entweder ein dezentes Handzeichen oder Sie sagen: **Vi vil gerne bestille, tak.** Wir möchten gerne bestellen, bitte.

Ich möchte nur eine Kleinigkeit essen.	**Jeg skal kun have noget småt.** jai sga kun ha no:ed smod.
Gibt es jetzt noch etwas Warmes zu essen?	**Kan man stadigvæk bestille noget varmt at spise?** ka man sdadi'wäk be'sdille no:ed warmd ad sbise?
Ich möchte nur etwas trinken.	**Jeg skal kun have noget at drikke.** jai sga kun ha no:ed ad drigge.
Gibt es jetzt noch etwas zu essen?	**Kan man stadigvæk få noget at spise?** ka man sdadiwäg fo no:ed ad sbise?

Das könnten Sie hören:

Hvad vil du have at spise?
wä we du ha ad sbise?
Was möchten Sie essen?

Hvad vil du have at drikke?
wä we du ha ad drigge?
Was möchten Sie trinken?

Ich möchte ►	**Jeg vil gerne bede om ►** jai we gerne be om ►
►ein Glas Rotwein.	►**et glas rødvin.** ed glas rödwin.
►eine Flasche Weißwein.	►**en flaske hvidvin.** en flasge widwin.
►einen (halben) Liter Hauswein.	►**en (halv) liter af husets vin.** en (hal) lider a huseds win.
►ein Viertel Rosé.	►**en kvart liter rosé.** en kward lider ro'se.
►ein Bier.	►**en øl.** en öl.
►eine Karaffe Wasser.	►**en karaffel vand.** en ka'rafel wan.
►noch etwas Brot.	►**noget brød.** no:ed bröd.
►eine kleine/große Flasche Mineralwasser.	►**en lille/stor flaske mineralvand.** en lille/sdor flasge mine'ralwan.

Info Restaurants führen selten offenen Wein. Man kann aber preisgünstige Flaschenweine der Hausmarke (**husets vin**) bekommen. Es ist durchaus üblich, statt Mineralwasser einfaches Leitungswasser zu bestellen (**postevand**), das kostet dann nur wenige Kronen.

Haben Sie ►	**Har I ►** har i ►
► diabetische Kost?	**► diabetikerkost?** dia'betigerkosd?
► Diätkost?	**► diætkost?** di'ätkosd?
► vegetarische/ vegane Gerichte?	**► vegetariske/veganske retter?** wegetarisge/ve'ganske radder?
Ich möchte ►	**Jeg vil gerne bede om ►** jai we gerne be om ►
► das Menü zu ... Kronen.	**► menuen til ... kroner.** me'nüen te ... kroner.
► eine Portion ...	**► en portion ...** en por'schon ...
► ein Stück ...	**► et stykke ...** ed sdögge ...

Info Die große warme Mahlzeit des Tages heißt **middag**. Sie wird meist am späten Nachmittag oder Abend eingenommen. In der Mittagszeit nimmt man eher eine leichtere Mahlzeit zu sich, den **frokost**. Der **frokost** besteht normalerweise aus mehreren Scheiben Schwarzbot mit unterschiedlichem Belag. Um die Mittagszeit gibt es in vielen Restaurants ein günstiges Tagesgericht (**dagens ret**).

Was empfehlen Sie mir?	**Hvad kan du anbefale mig?** wä ka du anbefale mai?
Was ist heute das Tagesgericht?	**Hvad er dagens ret?** wä er däns rad?
Was sind die Spezialitäten aus dieser Region?	**Hvad er en typisk specialitet idetteområde?** wä er en tübisg sbeschaiali'tet i dedde omro:de?
Ist ... in dem Gericht? Ich darf das nicht essen.	**Er der ... i denne ret? Jeg kan ikke tåle det.** er der ... i denn rad? jai ka igge to:le de.
Für mich bitte ohne ...	**Uden ... til mig, tak.** uden ... te mai, tak.

Das könnten Sie hören:

Hvad vil du have til forret/dessert?
wä we du ha te forrad/de'serd?
Was nehmen Sie als Vorspeise/ Nachtisch?

Danke, ich nehme keine Vorspeise/ keinen Nachtisch.	**Jeg skal ikke have nogen forretdessert.** jai sag igge ha noen forrad/ de'serd.
Könnte ich ... statt ... haben?	**Kunne jeg bede om ... i stedet for ...?** ku jai be om ... i sded for ...?

Info Eine der wohl bekanntesten dänischen Spezialitäten ist das **smørrebrød**. Es kann aus einer frischen Scheibe Vollkornbrot mit einem Belag aus Butter, mariniertem Hering mit Zwiebelringen, Pasteten, Krabben mit Mayonnaise usw. bestehen. **Smørrebrød** wird in Dänemark mittags gegessen. In vielen Restaurants kann man eine Platte (**platte**) mit verschiedenen belegten Broten bestellen.

Bitte bringen Sie mir noch ...	**Kunne jeg bede om ... til?** ku jai be om ... te?

Das könnten Sie hören:
Hvordan vil du have din bøf?
wordn we du h din böf?
Wie möchten Sie Ihr Steak?

Blutig.	**blodig.** blodi.
Medium.	**Medium.** medium.
Gut durchgebraten.	**Gennemstegt.** gennemsdegd.

Reklamieren

Das habe ich nicht bestellt. Ich wollte ...	**Det har jeg ikke bestilt. Jeg ville have ...** de har jai igge besdeld. jai wille ha ...
Haben Sie unser ... vergessen?	**Har du glemt vores ...?** har du glemd wors ...?
Das Essen ist kalt/ versalzen.	**Maden er kold/for salt.** maden er kol/for sald.
Das Fleisch ist nicht lang genug gebraten.	**Kødet har ikke fået nok.** köded har igge fo:ed nog.
Das Fleisch ist zäh.	**Kødet er sejt.** köded er said.

Bitte nehmen Sie es zurück.	**Vær venlig at tage det tilbage.** wär wenli ad ta de te'bä.
Bitte holen Sie den Chef/die Chefin.	**Jeg vil gerne tale med chefen.** jai we gerne tale me sjefen.

Bezahlen

Die Rechnung bitte!	**Må jeg bede om regningen, tak!** mo: jai be om rainingen, tak!
Ich möchte bitte eine Quittung.	**Jeg vil gerne bede om en kvittering,tak.** jai we gerne be om en kwi'tering, tk.
Wir möchten getrennt bezahlen.	**Vi vil gerne betale hver for sig.** wi we gerne be'tale wer for sig.

Das könnten Sie hören:
Smagte det dig?
smagde de dai?
Hat es Ihnen geschmeckt?

Sagen Sie bitte dem Koch/der Köchin mein Kompliment!	**Vil du sige til kokken, at maden vardejlig!** we du sie te koggen, ad maden war daili!

Info Das Trinkgeld ist im Rechnungsbetrag immer inbegriffen. Es genügt deshalb, wenn Sie den Betrag aufrunden.

Ich glaube, hier stimmt etwas nicht.	**Jeg tror, at der er noget her somikke stemmer.** jai tror, ad der er no:ed her som igge sdemmer.
Es stimmt so.	**Det stemmer.** de sdemmer.
Rechnen Sie es mir bitte vor.	Vil du være sød at kontrollere det her. we du wär söd ad kontro'lere de her.
Vielen Dank.	Tusind tak. tusin tak.

Bei Tisch

Guten Appetit!	Værsgo! wärsgo!
Danke!	Tak! tak!
Danke, gleichfalls!	Tak, i lige måde! tak, i li mo:de!
Zum Wohl!	Skål! sgöl!

Das könnten Sie hören:
Smager det godt? smger de gott?
Schmeckt es Ihnen/dir?

Danke, sehr gut.	Det smager dejligt, tak. de smager dailid, tak.

Das könnten Sie hören:
Ellers andet ...? ellers äned ...?
Noch etwas ...?

Ja, gerne.	Ja, tak. ja, tak.
Danke, ich bin satt.	Jeg er mæt, ellers tak. jai er mät, ellers tak.
Was ist das?	Hvad er det? wä er de?
Würden Sie/Würdest du mir bitte ... reichen?	Vil du være sød at række mig ...? we du wär söd ad rägge mai ...?
Ich möchte keinen Alkohol trinken.	Jeg vil ikke have noget alkohol. jai we igge h noed lkohol.
Stört es Sie/dich, wenn ich rauche?	Genere det dig, hvis jeg ryger? sche'ner de dai, wis jai rüer?
Danke für die Einladung.	Tak for invitationen. tak for inwita'schonen.

Ich möchte Sie/dich einladen.	Jeg vil gerne invitere dig. jai we gerne inwi'tere dai.
Es war ausgezeichnet.	Det var alletiders. de war alletiders.

Info In Dänemark ist es üblich, sich bei einem Gastgeber bzw. einer Gastgeberin mehrmals zu bedanken. Sagen Sie gleich beim Eintreffen: Tak for indbydelsen. Vielen Dank für die Einladung. Nach dem Essen bedanken Sie sich mit: Tak for mad. Vielen Dank für das Essen. Bei der Verabschiedung sagen Sie: Tak for i aften. Vielen Dank für den Abend. Wenn man sich erneut trifft oder miteinander telefoniert, ist es üblich, sich noch einmal für den letzten gemeinsamen Abend zu bedanken: Tak for sidst. Vielen Dank für neulich.

Weitere Wörter

Abendessen	aftensmad, -en afdensmad
Allergie	allergi, -en aller'gi
Aschenbecher	askebæger, -et asgebär
Bedienung	betjening, -en be'tjening
Beilage	tilbehør, -et telbe'hör
Besteck	bestik, -ket be'sdik
bestellen	bestille be'sdille
bezahlen	betale be'tale

getrennt bezahlen	**betale hver for sig** be'tale wer for sai
zusammen bezahlen	**betale samlet** be'tale samled
Brot	**brød, -et** bröd
belegtes Brot	**smørrebrød, -et** smörbröd
Brötchen	**rundstykke, -t** ronsdögge
Butter	**smør, -ret** smör
Diät	**diæt, -en** diät
durstig sein	**være tørstig** wär törsdi
essen	**spise** sbise
Essen	**mad, -en** mad
Essig	**eddike, -n** äd'ke
fett	**fedt** fedt
Fisch	**fisk, -en** fisg
Flasche	**flaske, -n** flasge
Fleisch	**kød, -et** köd
frisch	**fersk** färsg
Frühstück	**morgenmad, -en** mornmad
frühstücken	**spise morgenmad, -en** sbise mornmad
Gabel	**gaffel, -gaflen** gaffel
Gang	**ret, -ten** rad
Gebäck	**kager** *pl* kär
Gedeck	**kuvert, -en** kuwerd
Gemüse	**grønsager** *pl* grönsaer
Gericht	**ret, -ten** rad
Getränk	**drik, -ken** drig
gewürzt	**krydret** krödred

Glas	glas, -set glas
Gräte	(fiske)ben, -et (fisge)ben
Hauptgericht	hovedret, -ten howedrad
hausgemacht	hjemmelavet jemmelawed
heiß	varm warm
hungrig sein	være sulten wär sulden
Joghurt	yoghurt, -en jogurd
Kakao	kakao, -en ka'kao
kalt	kold ko:l
Kartoffeln	kartofler ka'tofler
Käse	ost, -en o:sd
Kellner(in)	tjener, -en tjener
Ketchup	ketchup, -pen ketschob
Kneipe	pub, -ben pop
Knoblauch	hvidløg, -et widloi
Kuchen	kage, -n kä
Löffel	ske, -en sge
mager	mager maer
Margarine	margarine, -n marga'rine
Marmelade	marmelade, -n marme'lade
Mayonnaise	majonæse, -n majo'näse
Menü	menu, -en me'nü
Messer	kniv, -en kniw
Mineralwasser (mit/ohne Kohlensäure)	mineralvand, -en (med/uden kulsyre) mine'ralwan (me/uden ko:lsüre)
Mittagessen	frokost, -en fro:kosd
Nachtisch	dessert, -en de'serd

Nudeln	nudler nudler
Obst	frugt, -en fro:gd
Öl	olie, -n olje
Pfeffer	peber, -en pewer
Pilze	svampe swmbe
Pizza	pizza, -en pids
Portion	portion, -en por'schon
Restaurant	restaurant, -en resdau'rang
Rindfleisch	oksekød, -et oksekö d
roh	rå ro:
Rohkost	råkost, -en ro:kosd
Sahne	fløde, -n flöde
Salat	salat, -en sa'lad
Salatsoße	salatdressing, -en sa'laddressing
Salz	salt, -et sald
Salzstreuer	saltkar, -ret saldkar
satt sein	være mæt wär mäd
sauer	sur sur
scharf	stærk sdärg
schmecken	smager smär
Schonkost	skånekost, -en sgo:nekosd
Senf	sennep, -pen senneb
Serviette	serviet, -ten serwi'jet
Soße	sovs, -en sows
Spezialität	specialitet, -en sbschali'tet
Stück	stykke, -t sdögge

Stuhl	**stol, -en** sdol
Suppe	**suppe, -n** so:bbe
süß	**sød** söd
Süßstoff	**sødemiddel, -midlet** södemiddel
Tasse	**krus, -et** krus
Tee	**te, -en** te
Teelöffel	**teske, -en** tesge
Teller	**tallerken, -en** ta'lergen
Tisch	**bord, -et** bor
trinken	**drikke** drigge
Trinkgeld	**drikkepenge** *pl* driggepenge
vegetarisch	**vegetarisk** wege'tarisg
Vorspeise	**forret, -ten** forrad
Zahnstocher	**tandstik, -ken** tansdig
Zucker	**sukker, -et** so:gger

MADE IN
Congo
MIXED FASHION & HAIR

Einkaufen

Fragen & Wünsche

Wie viel kostet das?	**Hvor meget koster det?** wor maid kosder de?
Was kostet/kosten ...?	**Hvor meget koster?** wor maid kosder?
Können Sie den Preis aufschreiben?	**Kan du skrive prisen på et stykke papir?** ka du sgriwe prisen po: ed sdügge pa'pir?
Das ist mir zu teuer.	**Det er for dyrt.** de er for dürd.
Haben Sie auch etwas Preiswerteres?	**Har du noget der er billigere?** har du no:ed der er bi'liere?
Können Sie mir mit dem Preis etwas entgegenkommen?	**Kan du gøre noget ved prisen?** ka du gör no:ed we prisen?
Geben Sie einen Nachlass, wenn ich bar zahle?	**Kan man få kontantrabat?** ka man fo: kontandra'bad?
Haben Sie ein Sonderangebot?	**Har I noget på tilbud?** har i no:ed po: telbud?

Ich hätte gerne eine Quittung.	**Jeg vil gerne bede om en kvittering.** jai we gerne be om en kwi'tering.
Kann ich mit EC-Karte/(dieser) Kreditkarte zahlen?	**Kan jeg betale med Maestro-kort/(det her) kreditkort?** ka jai be'tale me maisdrokord/(de her) kre'didkord?
Wo bekomme ich ...?	**Hvor finder jeg ...?** wor finner jai ...?

Das könnten Sie hören:

Hvad leder du efter?
wä leder du efder?

Was wünschen Sie?

Kan jeg hjælpe dig?
ka jai jälbe dai?

Kann ich Ihnen helfen?

Danke, ich sehe mich nur um.	**Jeg kigger bare.** jai kigger bar.
Ich werde schon bedient.	**Jeg bliver allerede hjulpet.** jai blir allerede jo:lbed.
Ich hätte gerne ...	**Jeg vil gerne bede om ...** jai we gerne be om ...

Das könnten Sie hören:
Vi har desværre ikkeflere ...
wi har deswär igge flere ...
Es tut mir leid, wir haben keine ... mehr.

Das gefällt mir nicht so gut.	**Det er ikke lige min smag.** de er igge lie min smag.
Können Sie mir noch etwas anderes zeigen?	**Kunne du vise mig noget andet?** ku du wise mai no:ed äned?
Ich muss mir das noch mal überlegen.	**Det skal jeg lige overveje.** de sga jai li owerwai.
Das gefällt mir. Ich nehme es.	**Den kan jeg godt lide. Den tager jeg.** den ka jai godli.den tar jai.

Das könnten Sie hören:
Ellers andet?
ellers äned?
Darf es sonst noch etwas sein?

Danke, das ist alles.	**Nej, tak, det var det hele.** nai tak, de wa de hele.
Haben Sie eine Tüte?	**Har du en pose til mig?** har du en pose te mai?

Können Sie es mir für die Reise verpacken?	**Kan du pakke det ind til rejsen?** ka du pagge de in te raisen?
Können Sie es als Geschenk einpacken?	**Ville du være sød at pakke det ind?** we du wär söd ad pagge de in?
Können Sie mir das nach Deutschland schicken?	**Kunne I sende det til Tyskland for mig?** ku i senne de te tüsglan for mai?
Ich möchte das umtauschen/ zurückgeben.	**Jeg vil gerne bytte den/give den tilbage.** jai we gerne büdde den/ gi den te'bä.

Weitere Wörter

Ausverkauf	**udsalg, -et** udsold
billig(er)	**billig(ere)** billi(er)
geben	**give** gi
Geld	**penge** *pl* penge
Geschenk	**gave, -n** gaw
(zu) groß	**(for) stor** (for) sdor
größer	**større** sdörrer
kaufen	**købe** köb
kontaktlos *(Bezahlen)*	**kontaktløs (betaling)** kon'tagtlös (be'taling)

kosten	**koster** kosder
Kreditkarte	**kreditkort, -et** kre'didkord
Quittung	**kvittering, -en** kwi'tering
rund	**cirka** sirka
Schaufenster	**vindue, -t** windue
Scheck	**check, -en** schek
Schlussverkauf	**udsalg, -et** udsal
Selbstbedienung	**selvbetjening, -en** selwbe'tjening
Sonderangebot	**tilbud, -det** telbud
(zu) teuer	**(for) dyr** (for) dür
Tüte	**pose, -n** pose
umtauschen	**bytte** büdde
zeigen	**vise** wise
zurückgeben	**give tilbage** gi te'bä

Info In Dänemark dürfen die Geschäfte an Werktagen rund um die Uhr geöffnet sein. Kleinere Läden dürfen auch an Sonn- und Feiertagen öffnen. Außerdem ist der Verkauf von Brennstoff, Kraftfahrzeugen, Pflanzen und Nutztieren rund um die Uhr gestattet. Am **grundlovsdag** (Tag des Grundgesetzes), an Heiligabend und an Silvester schließen die Geschäfte um 15:00 Uhr.

Geschäfte

Andenkenladen	**souvenierbutik, -ken** sowe'nierbu'tig
Antiquitätengeschäft	**antikvitetsforretning, -en** antikwi'tetsforredning
Apotheke	**apotek, -et** apo'teg
Bäckerei	**bageri, -et** bäri
Blumengeschäft	**blomsterbutik, -ken** blomsderbu'tig
Boutique	**butik, -ken** bu'tig
Buchhandlung	**boghandel, -dlen** bouhannel
Drogerie	**materialist, -en** materia'lisd
Einkaufszentrum	**indkøbscenter, -et** inköbssender
Elektrohandlung	**el-forretning, -en** el'forredning
Feinkostgeschäft	**delikatesseforretning, -en** delika'tesseforredning
Fischgeschäft	**fiskeforretning, -en** fisgeforredning
Flohmarkt	**loppemarked, -et** lobbemarked
Fotogeschäft	**fotohandler, -en** fotohannler

Frisiersalon	frisør, -en fri'sör
Haushaltswaren	husholdningsartikler husholningsartigler
Juweliergeschäft	juveler, -en juwe'ler
Kaufhaus	varehus, -et warhus
Kiosk	kiosk, -en kjosg
Konditorei	konditori, -et kondide'ri
Lebensmittelgeschäft	fødevareforretning, -en födewarforredning
Lederwarengeschäft	lædervarer *pl* läderwar
Markt	marked, -et marged
Musikgeschäft	musikforretning, -en mu'sigforredning
Obst- und Gemüse	frugt og grønt fro:gt ow grönd
Optikfachgeschäft	optiker, -en op'tiger
Parfümerie	parfumeri, -et par'fümeri
Reinigung	rensning -en ranseri
Schreibwarengeschäft	papirforretning, -en pa'pirforredning
Schuhgeschäft	skotøjsforretning, -en sgotoisforredning
Schuhmacherei	skomager, -en sgomager
Sportgeschäft	sportsforretning, -en sbordsforredning

Süßwaren	slikbutik, -ken sligbu'tig
Tabakwaren	tobaksvarer to'bagswar
Uhrmacherei	urmager, -en urmar
Waschsalon	møntvaskeri, -et mönd'wasgeri
Wurstwaren	slagter, -en slagder
Zeitungsstand	kiosk, -en kjosg

Lebensmittel

Was ist das?	Hvad er det? wä er de?
Bitte geben Sie mir ►	Jeg vil gerne bede om ► jai we gerne be om ►
►100 Gramm ...	►et hundrede gram ... edhunred gram ...
►1 Pfund ...	►et halvt kilo ... ed hald kilo ...
►1 Kilo ...	►et kilo ... ed kilo ...
►1 (halben) Liter ...	►en (halv) liter ... en (hal) lider ...
►4 Scheiben ...	►fire skiver ... fire sgiwer ...
►1 Stück ...	►et stykke ... ed sdögge ...

Das könnten Sie hören:
Må det være lidt mere?
mo: de wäre lid mer?

Darf es sonst noch etwas sein?

Etwas weniger/ mehr bitte.	Lidt mindre/mere, tak. lid mindre/mer, tak.
Kann ich probieren?	Må jeg prøvesmage? mo: jai pröwsma?

Info In Dänemark isst man mehr Käse als Wurst. Er wird deshalb auch in größeren Mengen gekauft. In den Supermärkten wird Käse meist am Stück fertig abgepackt angeboten. Verbreitet sind folgende Käsesorten: Skæreost in den Geschmacksrichtungen von mild (mild) bis herzhaft (ekstra lagret); hytteost: körniger Frischkäse, weicher Geschmack und geschmeidige Konsistenz; smøreost: Streichkäse, gibt es in vielen verschiedenen Geschmacksrichtungen; skimmelost: Blauschimmelkäse. Milch gibt es mit unterschiedlichem Fettgehalt: sødmælk 3,5 %, letmælk 1,5 %, minimælk 0,5 %, skummemælk 0,1 %.

Weitere Wörter

Ananas	ananas, -sen ananas
Apfel	æble, -t äble
Apfelsaft	æblejuice, -n äbledjuse
Aprikose	abrikos, -en abri'kos
Artischocke	artiskok, -ken arti'sgog
Aubergine	aubergine, -n ober'schine
Avocado	avocado, -en awo'kado
Banane	banan, -en ba'nan
Basilikum	basilikum, -men ba'silikum
Bier	øl, -let öl
alkoholfreies Bier	alkoholfri øl, -len alkoholfri öl
Birne	pære, -n pär
Blaubeeren	blåbær blo:bär
grüne Bohnen	grønne bønner grönne bönner
weiße Bohnen	hvide bønner wide bönner
Brokkoli	broccoli, -en bro'koli
Brombeeren	brombær brombär
Brot	brød, -et bröd
Brötchen	rundstykke, -t ronsdögge
Butter	smør, -ret smör
Chicorée	julesalat, -en julesa'lad
Cidre	cider, -en sider
Ei	æg, -get äg

Eis	is, -en is
Erbsen	ærter ärder
Erdbeeren	jordbær jorbär
Erdnüsse	jordnødder jornödder
Essig	eddike, -n äd'ke
Esskastanien	spisekastanier sbiseka'stanjer
Estragon	estragon, -en edra'gon
Fisch	fisk, -en fisg
Fleisch	kød, -et köd
Geflügel	fjerkræ, -et fjerkrä
Gemüse	grønsager pl grönsaer
Gewürze	krydderier krödderrir
Grieß	malet hvede, -n maled wed
Gurke *(Salatgurke)*	agurk, -en a'gurg
Gurken *(eingelegt)*	syltede agurker sülded a'gurger
Hackfleisch	hakkekød, -et haggeköd
Haferflocken	havregryn hawregrün
Hähnchen	kylling, -en külling
Haselnuss	hasselnød, -den hasselnöd
Himbeeren	hindbær hinbär
Honig	honning, -en honning
Joghurt	yoghurt, -en jogurd
Johannisbeeren	ribs rebs
Kaffee	kaffe, -n kaffe
Kakao	kakao, -en ka'kao

Kalbfleisch	kalvekød, -et kalweköd
Kartoffeln	kartofler ka'tofler
Käse	ost, -en o:sd
Kekse	kiks, -en kigs
Ketchup	ketchup, -pen kedschob
Kirschen	kirsebær, -ret kirsbär
Kiwi	kiwi, -en kiwi
Knoblauch	hvidløg, -et widloi
Kotelett	kotelet, -ten kode'led
Kräuter	urter urder
Kräutertee	urtete, -en urdete
Kuchen	kage, -n kä
Lammfleisch	lammekød, -et lammeköd
Lauch	porre, -n porre
Leberpastete	leverpostej, -en lewerpo'sdai
Limonade	sodavand, -en sodawan
Mais	majs, -en mais
Margarine	margarine, -n maga'rine
Marmelade	marmelade, -n marme'lade
Melone	melon, -en me'lon
Milch	mælk, -en mälg
fettarme Milch	letmælk, -en ledmälg
Mineralwasser (mit/ohne Kohlensäure)	mineralvand, -en (me/duden kulsyre) mine'ralwan (me/uden ko:lsüre)
Möhren	gulerødder julerödder
Müsli	mysli, -en müsli

Nektarine	nektarin, -en nekta'rin
Nudeln	nudler nudler
Obst	frugt, -en fro:gd
Öl	olie, -n olje
Oliven	oliven, -en o'liwen
Olivenöl	olivenolie, -n o'liwenolje
Ölsardinen	sardiner i olie sardiner i olje
Orange	appelsin, -en abbel'sin
Orangensaft	appelsinjuice, -n abbel'sindjuse
Oregano	oregano, -en ore'gano
Paprika *(Gewürz)*	paprika paprika
Paprikaschote	peberfrugt, -en pewerfro:gd
Peperoni	peperoni, -en pepero'ni
Petersilie	persille, -n per'sille
Pfeffer	peber, -en pewer
Pfirsich	fersken, -en fersgen
Pflaume	blomme, -n blomme
Pilze	svampe swam'be
Preiselbeeren	tyttebær tüddebär
Reis	ris ris
Rhabarber	rabarber, -en rabarber
Rindfleisch	oksekød, -et ogseköd
Rosmarin	rosmarin, -en rosmarin
Rotwein	rødvin, -en rödwin
Saft	juice, -n djuse
Sahne	fløde, -n flöde

Salami	spegepølse, -n sbaiepölse
Salat	salat, -en sa'lad
Salz	salt, -et sald
gekochter Schinken	kogt skinke, -n kogd sginke
roher Schinken	rå skinke, -n ro: sginke
Schnittlauch	purløg, -et purloi
Schnitzel	schnitzel, -tzlen snitsel
Schokolade	chokolade, -n schogo'lade
Schwarzbrot	rugbrød, -et rubröd
Schweinefleisch	svinekød, -et swineköd
Spargel	asparges, -en a'sbars
Spinat	spinat, -en sbinad
Stachelbeeren	stikkelsbær sdiggelsbär
Steak	bøf, -fen böf
Süßstoff	sødemiddel, -midlet södemiddel
Tee	te, -en te
Thunfisch	tunfisk, -en tunfisg
Thymian	timian, -en timijan
Tomate	tomat, -en to'mad
Vollkornbrot	fuldkornsrugbrød, -et fulkornsrubröd
Walderdbeeren	skovbær sgowbär
Walnuss	valnød, -den walnöd
Wassermelone	vandmelon, -en wanme'lon
Wein	vin, -en win
Weintraube	vindrue, -n windrue

Weißbrot	**franskbrød, -et** fransbröd
Weißwein	**hvidvin, -en** widwin
Wurst(aufschnitt)	**pålæg, -get** po:läg
Würstchen	**lille pølse, -n** lille pölse
Zitrone	**citron, -en** si'tron
Zucchini	**squash, -en** sgwosch
Zucker	**sukker, -et** so:gger
Zwieback	**tvebak, -ken** twebag
Zwiebel	**løg, -et** loi

Souvenirs

Ich möchte ►	**Jeg leder efter ►** jai leder efder ►
► ein hübsches Andenken.	► **en souvenir.** en suwe'nir.
► ein Geschenk.	► **en gave.** en gawe.
► etwas Typisches aus dieser Gegend.	► **noget typisk fra dette område.** no:ed tübisg fra dedde omro:de.
Ist das Handarbeit?	**Er det håndlavet?** er de ho:nlawed?
Ist das antik/echt?	**Er det antikt/ægte?** er de an'tigd/ägde?

Info Die Dänen sind bekannt für ihr gutes Design. Schöne Mitbringsel aus Dänemark sind z. B. Porzellan- und Glaswaren, Schmuck und Silberwaren, verarbeiteter Bernstein, aber auch Keramik und Kerzen.

Weitere Wörter

Andenken	**souvenir, -en** suwe'nir
antik	**antik** an'tig
Antiquität	**antikvitet, -en** an'tigwitet
Becher	**krus, -et** krus
Decke	**tæppe, -t** täbbe
Geschirr	**porcelæn, -et** por'selän
Gürtel	**bælte, -t** bälde
Handarbeit	**håndarbejde, -t** ho:nlawed
handgemalt	**håndmalet** ho:nmaled
Handtasche	**håndtaske, -n** ho:ntasge
Kanne	**kande, -n** kanne
Keramik	**keramik, -ken** keramig
Kunsthandwerk	**kunsthåndværk, -et** kunsdho:nwärg
Leder	**læder, -et** läder
Porzellan aus der Königlichen Porzellanfabrik	**porcellæn fra den Kongelige Porcelænsfabrik** porse'län fra den kongeli porse'länsfabrig

Schmuck	smykke, -t smögge
Schüssel	skål, -en sgo:l
Seidentuch	silketørklæde, -t silgetörkläde
Spitze	blonde, -n blonde
Steingut	stentøj stentoi
Tasse	kop, -pen kob
Terrakotta	terrakotta, -en terrakodda
Tischdecke	dug, -en du
Töpferware	keramik, -ken keramig
Trinkschale	skål, -en sgo:l
Vase	vase, -n wase
Zertifikat	certifikat, -et serdifi'kad

Kleidung

Ich suche ... — Jeg leder efter ...
jai leder efder ...

Das könnten Sie hören:
Hvilken størrelse har du?
wilgen sdörrelse har du?
Welche Größe haben Sie?

Ich habe Größe ... — Jeg har størrelse ...
jai har sdörrelse ...

Info Wenn Sie beim Kleiderkauf ein Schnäppchen machen möchten, sollten Sie auf die Schilder **Tilbud** Sonderangebot achten. In Dänemark gelten dieselben Konfektionsgrößen wie in Deutschland.

Haben Sie das auch in Größe ...?	**Har I den også i størrelse?** har i den osse i sdörrelse?
Haben Sie das auch in einer anderen Farbe? ▸ *Farben, S. 140*	**Har I den også i en anden farve?** har i den osse i en änen farwe?
Kann ich das anprobieren?	**Kan jeg prøve den?** ka jai pröw den?
Wo ist ein Spiegel?	**Hvor er spejlet?** wor er sbailed?
Wo sind die Umkleidekabinen?	**Hvor finder jeg prøverummet?** wor finner jai pröwero:mmed?
Welches Material ist das?	**Hvilket materiale er det?** wilged matri'ale er de?
Es steht/passt mir nicht.	**Den klæder mig/passer ikke.** den klär mai/passer igge.
Das ist mir zu groß/klein.	**Den er for stor/lille.** den er for sdor/lille.
Das passt gut.	**Den sidder godt.** den sidder gott.

Stoffe

Baumwolle	bomuld, -en bomul
Fleece	fleece, -n flis
Kaschmir	kashmir, -en kas'mir
Leder	læder, -et läder
Leinen	hør, -ren hör
Mikrofaser	microfibre *pl* mikrofiber
Naturfaser	naturfibre *pl* na'turfiber
Schafwolle	fåreuld, -en forul
reine Schurwolle	ren ny uld, -en ren nü ul
Seide	silke, -n silge
Synthetik	syntetisk materiale, -t sünte'disg matri'ale
Wildleder	ruskind, -et rusgin
Wolle	uld, -en ul

Farben

beige	beige besch
blau	blå blo:
braun	brun brun
bunt	kulørt kulörd
dunkelblau	mørkeblå mörgeblo:
dunkelrot	mørkerød mörgeröd
einfarbig	ensfarvet ensfarwed
gelb	gul gul

golden	**guldfarvet** gulfawed
grau	**grå** gro:
grün	**grøn** grön
hellblau	**lyseblå** lüsblo:
lila	**lilla** lilla
pink	**pink** pink
rosa	**lyserød** lüsröd
rot	**rød** röd
schwarz	**sort** sord
silbern	**sølvfarvet** sölfawed
türkis	**turkis** türkis
weiß	**hvid** wid

Weitere Wörter

Anorak	**anorak, -ken** ano'rag
Anzug	**jakkesæt, -tet** jaggesäd
kurze Ärmel	**kortærmet** kordärmed
lange Ärmel	**langærmet** langärmed
Badeanzug	**badedragt, -en** badedragd
Badehose	**badebukser** *pl* badebugser
Bademantel	**badekåbe, -n** badeko:be
BH	**bh, -en** bh
Bikini	**bikini, -en** bi'kini
Blazer	**blazer, -en** bläser
Bluse	**bluse, -n** bluse
Gürtel	**bælte, -t** bälde

Halstuch	halstørklæde, -t halstörkläde
Handschuhe	handsker hansger
Hemd	skjorte, -n sgjorde
Hose	bukser *pl* bugser
Hut	hat, -ten had
Jacke	jakke, -n jagge
Jeans	jeans *pl* djins
Jogginghose	joggingbukser *pl* djogingbugser
Kleid	kjole, -n kjole
Kostüm	dragt, -en dragd
Krawatte	slips, -et slibs
kurz	kort kord
lang	lang lang
Leggins	leggings *pl* leggens
Mantel	frakke, -n fragge
Mütze	hue, -n hue
Pullover	pullover, -en pullower
Regenjacke	regnjakke, -n rainjagge
Regenmantel	regnfrakke, -n rainfragge
Reißverschluss	lynlås, -en lünlo:s
Rock	nederdel, -en nerdel
Sakko	herrejakke, -n herrejagge
Schal	sjal, -et sjal
Schlafanzug	nattøj, -et nadtoi
Shorts	shorts *pl* sjords

Slip	trusser *pl* trusser
Socken	sokker sogger
Sonnenhut	solhat, -ten solhad
Strümpfe	strømper sdrömber
Strumpfhose	strømpebukser *pl* sdrömbebugser
T-Shirt	t-shirt, -en t'schöd
Unterhemd	undertrøje, -n o:nnertroi
Unterwäsche	undertøj, -et o:nnertoi
Weste	vest, -en west

Schuhe

Ich möchte ein Paar ... Jeg leder efter et par ...
jai leder efder ed par ...

Das könnten Sie hören:
Hvad størrelse bruger du?
wä sdörrelse brur du?
Welche Schuhgröße haben Sie?

Ich habe Schuhgröße ... Jeg bruger størrelse ...
jai brur sdörrelse ...

Der Absatz ist zu hoch/niedrig. Hælen er for høj/lav.
hälen er for hoi/law.

Sie sind zu groß/klein. De er for store/små.
de er for sdor/smo.

Sie drücken hier.	**De klemmer her.**	de klemmer her.
Bitte erneuern Sie die Absätze.	**Jeg skal have fornyet hæle, tak.**	jai sga ha for'nüed häle, tak.
Bitte erneuern Sie die Sohlen.	**Jeg skal have fornyet såler, tak.**	jai sga ha for'nüed so:ler, tak.

Weitere Wörter

Badeschuhe	**badesandaler**	badesandaler
Bergschuhe	**vandresko** *pl*	wandresgo
Einlegesohlen	**indlægssåler**	inlegsso:l
eng	**for smal**	for smal
Größe	**størrelse, -n**	sdörrelse
Gummistiefel	**gummistøvler** *pl*	gummisdöwler
Halbschuhe	**sko pl**	sgo
Ledersohle	**lædersål, -en**	läderso:ler
Pumps	**højhælet sko, -en**	hoihäled sgo
Sandalen	**sandaler**	sandaler
Schnürsenkel	**snørebånd, -et**	snörebo:n
Schuhcreme	**skocreme, -n**	sgokrem
Schuhe	**sko** *pl*	sgo

Schuhputzmittel	**skopudsemiddel, -midlet** sgopussemidler
Stiefel	**støvler** *pl* sdöwler
Turnschuhe	**gummisko** gummisgo
Wanderschuhe	**vandresko** wandresgo
Wildleder	**ruskind, -et** rusgin

Uhren und Schmuck

Meine Uhr geht vor/nach.
Mit ur går forud/bagud.
mid ur go:r forud/baud.

Ich brauche eine neue Batterie für die Uhr.
Jeg vil gerne bede om et nyt batteri til mit ur.
jai we gerne be om ed nüd badderi te mid ur.

Ich suche ein hübsches Andenken/Geschenk.
Jeg leder efter en lille ting/gave.
jai leder efder en lille ting/gawe.

Das könnten Sie hören:
Hvor meget må det koste?
wor maid mo: de kosde?
Wie viel darf es denn kosten?

Woraus ist das?
Hvad er det lavet af?
wä er de lwed ?

Weitere Wörter

Anhänger	vedhæng, -et	wehäng
Armband	armbånd, -et	rmbo:n
Brosche	broche, -n	brosche
Diamant	diamant, -en	dia'mand
Gold	guld, -et	gul
Karat	karat, -en	ka'rad
Kette	kæde, -n	käde
Modeschmuck	bijouteri, -et	bischuta'ri
Ohrklipse	øreclips	öreklibs
Ohrringe	øreringe	öreringe
Perle	perle, -n	perle
Ring	ring, -en	ring
Schmuck	smykke, -t	smögge
Silber	sølv, -et	söl
Uhr	ur, -et	ur
Uhrarmband	armbånd, -et	armbo:n
vergoldet	forgyldt	forgüld
Wecker	vækkeur, -et	wäggeur

Drogerieartikel

allergiegetestet	allergitestet	aller'gitesded
Binden *(Damenbinden)*	bind, -et	bin
Bürste	børste, -n	börsde

Deo	deodorant, -en deodo'rand
Duschgel	showergel, -en schauergel
feuchte Tücher	vådservietter wo:dserwi'jedder
FFP2-Maske	FFP2 mundbind, -et ef-ef-pe-to 'monben
Haargel	hårgelé, -en ho:rsche'le
Haargummi	hårelastik, -ken ho:relasdig
Haarklammern	hårklemmer ho:rklemmer
Haarspange	hårspænde, -t ho:rsbänne
Haarspray	hårlak, -ken ho:rlak
Handcreme	håndcreme, -n ho:nkrem
Händedesinfektions-gel	hånddesinfektionsmiddel, -midlet ho:ndesinfek'schonsmiddel
Kajalstift	eyeliner, -en ailainer
Kamm	kam, -men kamm
Kondome	kondomer kon'domer
Körperlotion	bodylotion, -en bodilo'schon
Kosmetiktücher	kosmetikservietter kosme'tikserwi'jedder
Lichtschutzfaktor	lysbeskyttelsesfaktor, -en lüsbe'sgüddelsesfaktor
Lidschatten	øjenskygge, -n oinsgügge
Lippenpflegestift	læbepomade, -n läbepo'mad

Lippenstift	læbestift, -en läbesdifd
medizinische Maske	mundbind, -et 'monben
Mückenschutz	myggebalsam, -men müggebalsam
Nachtcreme	natcreme, -n nadkrem
Nagelbürste	neglebørste, -n nailebörsde
Nagelfeile	neglefil, -en nailefil
Nagellack	neglelak, -ken nailelak
Nagellackentferner	neglelakfjerner, -en nailelakfjerner
Nagelschere	neglesaks, -en nailesags
Papiertaschentücher	papirlommetørklæder papirlommetörkläder
Parfüm	parfume, -n par'füm
parfümfrei	parfumefri par'fümefri
Pflaster	plaster, -et plasder
Pinzette	pincet, -ten pin'sed
Rasierklinge	barberblad, -et bar'berblad
Rasierschaum	barberskum, -met bar'bersgo:m
Reinigungsmilch	rensemælk, -en rensemälg
Rouge	rouge, -n rusche
Schaumfestiger	mousse, -n mus
Seife	sæbe, -n säbe
Shampoo	shampoo, -en scham'pu
Sonnencreme	solcreme, -n solkrem
Sonnenmilch	solcreme, -n solkrem

Spiegel	spejl, -et sbail
Tagescreme	dagcreme, -n daukrem
Tampons	tamponer tam'ponger
Toilettenpapier	toiletpapir, -et toi'ledpapir
Waschlappen	vaskeklud, -en wasgeklud
Waschmittel	vaskepulver, -et wasgepo:lwer
Watte	vat, -tet wad
Wattestäbchen	vatpind, -en wadpin
Wimperntusche	mascara, -en mas'gara
Zahnbürste	tandbørste, -n tanbörsde
Zahnpasta	tandpasta, -en tanpasda
Zahnseide	tandtråd, -en tantro:d
Zahnstocher	tandstik, -ken tansdigger

Haushaltswaren

Alufolie	stanniol, -en sdani'ol
Besen	kost, -en ko:sd
Brennspiritus	sprit, -ten sbrid
Dosenöffner	dåseåbner, -en do:seo:bner
Eimer	spand, -en sban
Feuerzeug	lighter, -en laider
Flaschenöffner	flaskeåbner, -en flasgeo:bner
Fleckenentferner	pletfjerner, -en pledfjerner

Frischhaltefolie	husholdningsfilm, -en husho:lningsfilm
Gabel	gaffel, -gaflen gaffel
Glas	glas, -set glas
Glühlampe	pære-, -n pär
Grillanzünder	grillvæske, -n grillwäsge
Grillkohle	grillkul, -let grillko:l
Insektenspray	myggespray,-en müggesbrai
Kerzen	lys, -et lüs
Korkenzieher	proptrækker, -en probträgger
Küchenrolle	køkkenrulle, -n köggenrulle
Kühltasche	køletaske, -n köletasge
Löffel	ske, -en sge
Messer	kniv, -en kniw
Moskitospirale	moskitospiral, -en mo:sgitosbiral
Nähgarn	sytråd, -en sütro:d
Nähnadel	synål, -en süno:l
Pfanne	pande, -n panne
Plastikbecher	plastikkrus, -et plasdigkros
Plastikbesteck	plastikbestik, -ket plasdigbe'sdig
Plastikteller	plastiktallerken, -en palsdigta'lergen

Reinigungsmittel	rengøringsmiddel, -midlet rengöringsmidler
Schere	saks, -en sags
Servietten	servietter serwi'jedder
Sicherheitsnadel	sikkerhedsnål, -en siggerhedsno:l
Spülmittel	opvaskemiddel, -midlet obwasgemiddel
Spültuch	karklud, -en karklud
Streichhölzer	tændstikker tänsdigger
Taschenmesser	lommekniv, -en lommekniw
Tasse	kop, -pen kob
Teller	tallerken, -en ta'lergen
Thermosflasche	termoflaske, -n termoflasge
Topf	gryde, -n grüde
Wäscheklammern	tøjklemmer toiklemmer
Wäscheleine	tøjsnor, -en toisnor
Waschpulver	vaskepulver, -et wasgepo:lwer
Wasserkocher	vandkoger, -en wankower
Wischlappen	karklud, -en karklud

Optikfachgeschäft

Meine Brille ist kaputt.
Mine briller er istykker.
min briller er istögger.

Können Sie das reparieren?
Kan du reparere dem?
ka du repa'rer dem?

Ich hätte gerne Eintageslinsen.
Jeg vil gerne bede om endagslinser.
jai we gerne be om endäslinser.

Ich bin kurzsichtig/weitsichtig.
Jeg er kortsigtet/langsigtet.
jai er kordsigded/langsigded.

Das könnten Sie hören:
Har du et brillepas/kontaktlinsepas?
har du ed brillepas/kontktlinsepas?
Haben Sie einen Brillenpass/Kontaktlinsenpass?
Hvor mange dioptrier har du?
wor mange diob'trier har du?
Wie viel Dioptrien haben Sie?

Ich habe auf dem linken Auge ... Dioptrien und auf dem rechten Auge ... Dioptrien.
Jeg har ... dioptrier på det venstre øje og ... dioptrier på det højre øje.
jai hr ... diob'trier po: de wensdre oie ow ... diob'trier po: de hoier oie.

Ich möchte eine Sonnenbrille.	**Jeg leder efter et par solbriller.** jai leder efder ed par solbriller.
Ich habe eine Kontaktlinse verloren/kaputt gemacht.	**Jeg har mistet/ødelagt en kontaktlinse.** jai har misded/ödelagd en kontaktlinse.
Ich brauche Aufbewahrungslösung für harte/weiche Kontaktlinsen.	**Jeg skal bruge noget opbevaringsvæske til hårde/bløde kontaktlinser.** jai sga brue no:ed ob'bewaringswäsge te ho:rde/blöde kontaktlinser.
Ich brauche Reinigungslösung für harte/weiche Kontaktlinsen.	**Jeg skal bruge noget rensevæske til hårde/bløde kontaktlinser.** jai sga brue no:ed rensewäsge te horde/blöde kontaktlinser.

Fotoartikel

Ich brauche eine Speicherkarte für diesen Apparat mit ... GB.	**Jeg skal bruge en chip til dette apparat med ...GB.** jai sga brue en tjib te dedde abb'rad me ...gebe.
Ich hätte gerne Batterien/Akkus für diesen Apparat.	**Jeg vil gerne bede om nogle batterier til dette apparat.** jai we gerne be om nole badde'rir te dedde apa'rad.

Ich hätte gern ...	Jeg vil gerne bede om ... jai we gerne be om ...
▸ eine Speicherkarte für diesen Apparat.	▸ en chip til dette apparat. en tjib te dedde aba'rad.
▸ einen USB-Stick.	▸ et USB-stik. ed usb-sdik.
▸ einen Farb-Negativfilm/Schwarz-Weiß-Negativfilm.	▸ en farvefilm/sort-hvidfilm. en farwefilm/sord'widfilm.
▸ einen Film für diesen Apparat.	▸ en film til dette apparat. en film te dedde abba-rad.
▸ einen Diafilm.	▸ en diafilm. en diafilm.
▸ einen Film mit 24/36 Aufnahmen.	▸ en film med fireogtyve/seksogtredive billeder. en film me fireowtüwe/seksowtredwe bidler.
▸ einen Film mit ... ASA.	▸ en film med ... ASA. en film me ... asa.
Können Sie die Bilder von meiner Kamera auf CD/DVD brennen?	Kan I brænde billederne fra mit kamera på cddvd? ka i branne billederne fra mid kamera po: cd/dwd?
Können Sie mir bitte den Film einlegen?	Kan du lægge filmen i for mig? ka du läg filmen i for mai?

Ich möchte diesen Film entwickeln lassen.	**Jeg vil gerne have fremkaldt denne film.** jai we gerne ha fremkald denn film.
Die Abzüge bitte glänzend/matt, im Format ... mal ...	**Billederne skal være blankematte i format gange** bidlerne sga wär blange/madde i formt ... gang ...
Wann sind die Bilder fertig?	**Hvornår er billederne færdige?** worno:r er bidlerne färdi?
Können Sie meinen Fotoapparat reparieren?	**Kan I reparere mit kamera?** ka i repa'rer mid kamera.
Er transportiert nicht.	**Det transporterer ikke.** de transbor'ter igge.
Der Auslöser/Das Blitzlicht funktioniert nicht.	**Udløseren/Blitzen virker ikke.** udlösern/blitsen wirger igge.
Ich möchte gerne Passbilder machen lassen.	**Jeg vil gerne have lavet nogle pasfotos.** jai we gerne ha lawed nole pasfotos.

Weitere Wörter

Akkus	batterier badde'rir
Belichtungsmesser	eksponeringsmåler, -en egsponeringsmo:ler
Bild	billede, -t billed
Blitz	blitz, -en blits
Camcorder	camcorder, -en kamkorder
Digitalkamera	digitalkamera, -et digi'talkamera
Display-Schutzfolie	beskyttelsesfolie, -n be'sgüddelsesfolje
DVD	dvd, -en dwd
Empfindlichkeit	følsomhed, -en fölsomhed
filmen	filme filme
Filmkamera	filmkamera, -et filmkamera
Filter	filter, -et filder
Fotoapparat	fotoapparat, -et fotoabba'rad
Fototasche	fototaske, -n fototasge
Ladegerät	oplader, -en oblader
Objektiv	objektiv, -et objek'tiw
Selbstauslöser	selvudløser, -en seludlöser
Sonnenblende	solblende, -n solblenne
Speicherkarte	chip, -pen tjib
Spiegelreflexkamera	spejlreflekskamera, -et sbailre'flegskamera
Stativ	stativ, -et sdatiw

Teleobjektiv	teleobjektiv, -et teleobjek'tiw
Trageriemen	skulderrem, -men sgulerrem
USB-Stick	USB-stik, -ket usb-sdik
UV-Filter	UV-filter, -et uw'filder
Weitwinkelobjektiv	vidvinkelobjektiv, -et widwingelobjek'tiw
Zoomobjektiv	zoomobjektiv, -et sum'objek'tiw

Am Kiosk

Ich hätte gerne ► — Jeg vil gerne bede om ► jai we gerne be om ►

- ► eine (deutsche) Zeitung. — ► en (tysk) avis. en (tüsg) awis.
- ► eine (deutsche) Zeitschrift. — ► et (tysk) ugeblad. ed (tüsg) ueblad.
- ► eine Karte der Umgebung. — ► et kort over området. ed kord ower omro:ded.
- ► einen Stadtplan. — ► et bykort. ed bükord.

Haben Sie auch eine neuere Zeitung? — Har I også en nyere avis? har i osse en nür awis?

Haben Sie deutsche Bücher? — Har I tyske bøger? har i tüsge bör?

Musik

Haben Sie CDs von ...?	Har I cd-er med ...? har i cd'er me ...?
Ich hätte gerne eine CD mit traditioneller dänischer Musik.	Jeg vil gerne bede om en cd med traditionel dansk musik. jai we gerne be om en cd me tradi'schonel dansg mu'sik.
Kann ich mir das mal anhören?	Kan jeg komme til at høre den? ka jai komme te ad hör den?
Ich möchte Kopfhörer kaufen.	Jeg skal bruge et sæt hovedtelefoner. jai sga bru ed säd howedtele'foner.

Weitere Wörter

CD	cd, -en cd
DVD	dvd, -en dwd
Kopfhörer	hovedtelefoner *pl* howedtele'foner
Musik	musik, -ken mu'sik
Radio	radio, -en radio

Tabakwaren

Eine Schachtel Zigaretten mit/ohne Filter, bitte.	**Jeg vil gerne bede om en pakke cigaretter med/uden filter.** jai we gerne be om en pagge siga'radder me/uden filder.
Sind diese Zigaretten stark/leicht?	**Er disse cigaretter stærke/svage?** er disse sig'radder sdärge/swä?
Eine Schachtel/Stange ..., bitte.	**Jeg vil gerne bede om en pakke/et karton ...** jai we gerne be om en pagge/ed kar'ton ...
Ein Päckchen Pfeifentabak/Zigarettentabak, bitte.	**Jeg vil gerne bede om en pakke pibetobak/cigarettobak.** jai we gerne be om en pagge pibeto'tag/siga'redto'bag.
Ein Feuerzeug/Einmal Streichhölzer, bitte.	**Jeg vil gerne bede om en lighter/pakke tændstikker.** jai we gerne be om en laider/pagge tänsdigger.

Aktivitäten

Sport & Wellness

Baden

Wo geht es zum Strand?	**Hvordan kommer man til stranden?** wordan kommer man te sdrannen?
Darf man hier baden?	**Må man bade her?** mo: man bade her?
Gibt es hier Strömungen?	**Er der understrøm her?** er der o:nnersdröm her?
Wann ist Ebbe/Flut?	**Hvornår er det lavvande/højvande?** worno:r er de lawwane/hoiwane?
Gibt es hier Quallen?	**Er der vandmænd her?** er der wanmän her?
Ich möchte ► ausleihen.	**Jeg vil gerne leje ►** jai we gerne laie ►
► einen Liegestuhl	**► en liggestol.** en liggesdol.
► einen Sonnenschirm	**► en parasol.** en parasol.
► ein Boot	**► en båd.** en bo:d.

Wie viel kostet es pro Stunde/Tag?	**Hvor meget koster det per time/dag?** wor maid kosder de per time/dä?
Ich möchte einen Tauchkurs/Windsurf-kurs machen.	**Jeg vil gerne tage et dykkerkursus/surfkursus.** jai we gerne ta ed düggerkursus/surfkursus.
Kann man mit einem Fischerboot mitfahren?	**Kan man sejle med ud med en fiskerbåd?** ka man saile me ud me en fisgebo:d?
Würden Sie bitte kurz auf meine Sachen aufpassen?	**Ville du være sød at holde øjemedmine ting?** wille du wär söd ad ho:le oie me mine ting?
Gibt es hier ein Freibad/Hallenbad?	**Er der et friluftsbad/en svømmehal her?** er der et frilo:fdsbad/enswömmehal her?
Welche Münzen brauche ich für das Schließfach/den Haartrockner?	**Hvilken mønt skal jeg bruge til skabet/hårtørreren?** wilgen mönd sga jai brue te sgabed/ho:rtörreren?

Ich möchte ► ausleihen/kaufen.	**Jeg vil gerne købeleje ►** jai we gerne köb/laie ►
► eine Badekappe	**► en badehætte.** en badehädde.
► eine Schwimmbrille	**► et par svømmebriller.** ed par swömmebriller.
► ein Handtuch	**► et håndklæde.** ed ho:nkläde.
Wo ist der Bademeister/die Bademeisterin/die Erste-Hilfe-Station?	**Hvor er bademesteren/skadestuen?** wor er bademesderen/sgadesduen?
Wo sind die Duschen/Umkleidekabinen?	**Hvor er brusebadet/omklædningsrummene?** wor er brusebadet/omklädningsromne?

Weitere Wörter

baden	**bade** bad
Bootsverleih	**bådudlejning, -en** bo:dudlaining
Dusche	**brusebad, -et** brusebad
fischen	**fiske** fisge
FKK-Strand	**nudiststrand, -en** nu'disdsdran

Luftmatratze	**luftmadras, -sen** lo:fdma'dras
Meer	**hav, -et** hau
Motorboot	**motorbåd, -en** motorbo:d
Muscheln	**muslinger** muslinger
Nichtschwimmer(in)	**ikkesvømmer, -en** iggeswömmer
Rettungsring	**redningsbælte, -t** redningsbälde
Ruderboot	**robåd, -en** robo:d
Sand	**sand, -et** san
Sandstrand	**sandstrand, -en** sansdran
Schatten	**skygge, -n** sgügge
Schlauchboot	**gummibåd, -en** go:mmibo:d
Schnorchel	**snorkel, -klen** snorkel
Schwimmbad	**svømmehal, -len** swömmehal
schwimmen	**svømme** swömme
Schwimmflossen	**svømmefødder** swömmefödder
Schwimmflügel	**svømmevinger** *pl* swömmewinger
See	**sø, -en** sö
Seeigel	**søpindsvin, -et** söpinswin
Segelboot	**sejlbåd, -en** sailbo:d
segeln	**sejle** saile
Sonne	**sol, -en** sol

Sonnenbrille	solbriller *pl* solbriller
Sonnencreme	solcreme, -n solkrem
Spielwiese	legeplads, -en laiplas
Sprungbrett	vippe, -n wibbe
Strandbad	strandbad, -et sdranbad
Strandkorb	strandkurv, -en sdrankurw
Sturmwarnung	stormvarsel, -slen sdormwarsel
Surfbrett	surfbræt, -tet söfbrad
tauchen	dykke dögge
Tauchanzug	dykkerdragt, -en döggerdragd
Tauchausrüstung	dykkerudstyr, -et döggerudsdür
Taucherbrille	dykkerbriller *pl* döggerbriller
Tretboot	vandcykel, -klen wansügel
Umkleidekabine	omklædningsrum, -met omklädningsrum
Wasser	vand, -et wan
Wasserball	vandpolo, -en wanpolo
Wasserski	vandski, -en wansgi
Welle	bølge, -n bölje
Wellenbad	bølgebad, -et böljebad

Spiele

Darf ich mitspielen?	**Må jeg lege med?** mo: ji laie me?
Wir hätten gern einen Squashcourt für eine (halbe) Stunde.	**Vi vil gerne leje en squashbane for en (halv) time.** wi we gerne laie en sgwoschbane for en (hal) time.
Wir hätten gern einen Tennisplatz/Badmintonplatz für eine Stunde.	**Vi vil gerne leje en tennisplads/badmintonplads for en time.** wi we gerne laie en tennisplas/badmintonplas for en time.
Wo kann man hier Bowling/Billard spielen?	**Hvor kan man spille bowlingbillard her?** wor ka man sbille bowling/bil'jard her?
Ich möchte ... ausleihen.	**Jeg vil gerne leje ...** jai we gerne lie ...

Weitere Wörter

Badminton	**badminton** badminton
Ball	**bold, -en** bold
Basketball	**basketball, -en** baskedbo:l
Beachvolleyball	**beachvolleyball, -en** bi:tschwollibo:l
Boule-Kugel	**boulekugle, -n** bowlekule
Federball *(Spiel)*	**badminton** badminton

Fußball *(Ball)*	fodbold, -en fobold
Fußballspiel	fodboldspil, -let foboldsbil
gewinnen	vinde winne
Golf	golf, -en golf
Golfplatz	golfplads, -en golfplas
Golfschläger	golfkølle, -n golfkölle
Handball	håndbold, -en ho:nbold
Kegelbahn	bowlingbane, -n bowlingbane
kegeln	bowle bowle
Mannschaft	mandskab, -et mansgab
Minigolfplatz	minigolfbane, -n minigolfbane
Schiedsrichter	dommer, -en dommer
Sieg	sejr, -en sair
Spiel	spil, -let sbil
spielen	spille sbille
Squash	squash sgwosch
Squashball	squashbold, -en sgwoschbold
Squashschläger	squashketsjer, -en sgwoschkedscher
Tennis	tennis, -sen tennis
Tennisball	tennisbold, -en tennisbold
Tennisschläger	tennisketsjer, -en tenniskedscher
Tischtennis	bordtennis, -sen bortennis
Tor	mål, -et mo:l
Torwart(in)	målmand, -en mo:lman

unentschieden	**uafgjort** uaugjord
verlieren	**tabe** tabe
Volleyball	**volleyball, -en** wollibo:l

Schlechtwetteraktivitäten

Haben Sie Spielkarten/ Gesellschaftsspiele?	**Har du nogle spillekort/ familiespil?** har du nole sbillekord/fa'miljesbil?
Gibt es hier eine Sauna/ein Fitnessstudio?	**Er der en saunaet fitness center her?** er der en sauna/ed fidnäs sender her?
Bieten Sie auch Yoga/ Gymnastikstunden an?	**Tilbyder I også yoga/ gymnastik?** tel'büder i osse jo:gä/ gümnasdig?

Wandern und Trekking

Ich möchte gerne nach ... wandern.	**Jeg vil gerne vandre til ...** jai we gerne wandre te ...
Können Sie mir eine leichte/ mittelschwere Tour empfehlen?	**Kan du anbefale mig en let/ middelsvær tur?** ka du anbe'fale mai en led/middelswär tur?

Wie lange dauert sie ungefähr?	Hvor længe tager turen cirka? wor länge tar turen sirka?
Ist der Weg gut markiert/gesichert?	Er vejen godt markeret/sikrede? er waien gott markered/sigred?
Kann man unterwegs einkehren?	Kan man holde hvil ved et spisested undervejs? ka man holle will we ed sbistsded o:nnerwais?
Kann ich in diesen Schuhen gehen?	Kan jeg gå i disse sko? ka jai go: i disse sgo?
Gibt es geführte Touren?	Er der nogle guidet ture? er der nole gaided ture?
Sind wir hier auf dem richtigen Weg nach ...?	Er det den rigtige vej til ...? er de den rigdie wai te ...?
Wie weit ist es noch bis ...?	Hvor langt endnu er der til ...? wor langd änu er der te ...?

Weitere Wörter

Fjord .... fjord, en fjor
joggen .... løbe löbe
Jogging .... løb, et löb

Proviant	madpakke, n mdpgge
Schlucht	kløft, en klöfd
schwindelfrei sein	være svimmelfri wär swimmelfri
Teleskopstöcke	vandrestave wndresdwe
Wanderkarte	vandrekort, et wndrekord
wandern	vandre wndre
Wanderschuhe	vandresko *pl* wndresgo
Wanderweg	vandrevej, en wndrewi

Rad fahren

Ich möchte ein ► mieten.	Jeg vil gerne leje en ► jai we gerne laie en ►
► Fahrrad	► cykel ensügel
► E-Bike	► E-Bike e-baige
► Mountainbike	► Mountainbike mauntinbaige
Ich hätte gern ein Fahrrad mit ... Gängen.	Jeg vil gerne bede om en cykel med ... gear. jai we gerne be om ensügel me ... gir.
Haben Sie auch ein Fahrrad mit Rücktritt?	Har du en cykel med fodbremse? har du en sügel me fodbremse?

Können Sie mir die Sattelhöhe einstellen?	**Kunne du indstille saddelhøjden formig?** ku du in'sdille saddelhoiden for mai?
Ich möchte es für ► mieten. ► einen Tag ► zwei Tage ► eine Woche	**Jeg vil gerne leje den i ►** jai we gerne laie den i ► ► **en dag.** en dä. ► **to dage.** to dä. ► **en uge.** en ue.
Bitte geben Sie mir auch einen Fahrradhelm.	**Jeg vil også gerne bede om en cykelhjem.** jai we osse gerne be omen sügeljelm.

Weitere Wörter

Fahrradflickzeug	**cykelgrej, -et** sügelgrai
Fahrradkorb	**cykelkurv, -en** sügelkurw
Handbremse	**håndbremse, -n** ho:nbremse
Kinderfahrrad	**børnecykel, -klen** börnesügel
Kindersitz	**cykelsæde, -t** sügelsäde
Licht	**lys, -et** lüs
Luftpumpe	**pumpe, -n** po:mbe
Radweg	**cykelsti, -en** sügelsdi
Reifen	**dæk, -ket** däk
Reifendruck	**lufttryk, -ket** lo:fdtrög
Reifenpanne	**punktering, -en** pungtering

Sattel .... **sadel, -dlen** sadel
Satteltaschen .... **sadeltaske, -n** sadeltasge
Schlauch .... **slange, -n** slange
Vorderlicht .... **forlys, -et** forlüs

Adventure-Sports

Ballonfahrt .... **flyve i luftballon, -en** flüwe i lo:fdba'long
Bungee-Jumping .... **bungeejumping** bongi'jombing
Drachenfliegen .... **drageflyvning, -en** draweflüwning
Fallschirmspringen .... **faldskærmsudspring, -et** fallsgärmsudsbring
Freeclimbing .... **freeclimbing** friklaimbing
Gleitschirmfliegen .... **paragliding, -en** para'glaiding
Kajak .... **kajak, -ken** kajak
Kanu .... **kano, -en** kano
Rafting .... **rafting** rafding
Regatta .... **regatta, -en** re'gadda
reiten .... **ridde** ridde
Ruderboot .... **robåd, -en** robo:d
Segelfliegen .... **svæveflyvning, -en** swäweflüwning

Segelflugzeug	svævefly, -et swäweflü
segeln	sejle saile
Thermik	termik, -ken termik

Wellness

Akupunktur	akupunktur, -en akupung'tur
Algenbad	algebad, -et aljebad
Aromaöl	aromaolie, -n aro'maolje
Ayurveda	ayurveda, -en ajü'weda
Dampfbad	dampbad, -et dambbad
Entschlackung	afgiftning, -en augifdning
Fango	fango, -en fango
Fußreflexzonen-massage	fodreflekszonemassage, -n fodre'flegssonemasa'sche
Heubad	høbad, -et höbad
Kaltwasser-anwendungen	koldvandsanvendelser kolwansanwenelse
Kneipp-Anwendung	koldvandskur, -en kolwanskur
Lymphdrainage	lymfe drainage, -n lümfe dre'nasche
Massage	massage, -n masa'sche
Meditation	meditation, -en medita'schon
Sauna	sauna, -en sauna
Schlammbad	lerkur, -en lerkur

Solarium	solarium, -lariet sola'rium
Thermalbad	kurbad, -et kurbad
Whirlpool	spa, -en sba
Yoga	yoga, -en joga

Besichtigungen

Info Ausführliche Informationen zum Reiseland Dänemark finden Sie im Internet unter www.visitdenmark.com.

Touristikinformation

Wo ist die Touristikinformation?	Hvor er turistinformationen? wor er tu'risdinforma'schonen?
Ich möchte ►	Jeg vil gerne bede om ► jai we gerne be om ►
►einen Plan von der Umgebung.	►et kort over området. ed kord ower omro:det.
►einen Stadtplan.	►et bykort. ed bükord.
►einen U-Bahn-Plan.	►en kørerplan til metroen. en köreplan te me'troen.
►einen Veranstaltungskalender.	►en eventkalender. en ewentklener.

Gibt es Stadtrundfahrten/ Stadtführungen?	**Er der busrundture/guidede ture?** er der busronture/gaided ture?
Haben Sie auch Prospekte auf Deutsch?	**Har I også brochurer på tysk?** har i osse bro'schüre po: tüsg?
Bitte eine Karte/zwei Karten für die Stadtrundfahrt.	**Jeg vil gerne bede om en billet/to billetter til busrundturen.** jai we gerne be om en bi'led/to bi'ledder te busrunturen.
Was kostet die Rundfahrt/Führung?	**Hvad koster busrundturen/ rundvisningen?** wä kosder busrunturen/runwisningen?
Wie lange dauert die Rundfahrt/Führung?	**Hvor længe varer busrundturen/ rundvisningen?** wor länge war busrunturen/runwisningen?
Welche Sehenswürdigkeiten gibt es hier?	**Hvilke seværdigheder er der her?** wilge sewärdiheder er der her?
Bitte für den Ausflug morgen nach ... einen Platz/zwei Plätze.	**Jeg vil gerne bede om en billet/to billetter til udflugten til ... imorgen.** jai we gerne be om en bi'led/to biledder te udflo:gden te ... i morn.

Wann/Wo treffen wir uns?	**HvornårHvor mødes vi?** worno:r/wor mödes wi?
Besichtigen wir auch ...?	**Skal vi også se ...?** sga wi osse se ...?

Eintritt und Führungen

Wann ist ... geöffnet?	**Hvornår har ... åben?** wornor har ... o:ben?
Wann beginnt die Führung?	**Hvornår begynder rundvisningen?** worno:r begönner runwisningen?
Wie viel kostet der Eintritt/die Führung?	**Hvad koster entréen/ rundvisningen?** wä kosder ang'trän/runwisningen?
Gibt es auch Führungen auf Deutsch?	**Er der også rundvisninger på tysk?** er der osse runwisninger po: tüsg?

Info Wenn Sie Kopenhagen individuell erkunden möchten, ist die CHP CARD (Copenhagen Card) interessant. Sie bietet freien Eintritt zu 60 Museen und Sehenswürdigkeiten und freie Fahrt mit den öffentlichen Verkehrsmitteln. Sie gilt entweder 24 oder 72 Stunden. Ausführliche Informationen dazu finden Sie im Internet unter www.visitcopenhagen.com.

Gibt es eine Ermäßigung für Familien/ Senioren/-innen?	Kan man få familierabat/ pensionistrabat? ka man fo: fa'miljerra'bad/ pang'schonisdra'bad?
Gibt es eine Ermäßigung für Kinder/Studierende?	Kan man få børnerabat/ studenterrabat? k mn fo: börnera'bad/sdu'denderra'bad?
Eine Karte/Zwei Karten bitte.	En billet/To billetter, tak. en bi'led/to bi'ledder, tak.
Zwei Erwachsene, zwei Kinder, bitte.	To voksne og to børn, tak. to wogsne ow to börn, tak.
Darf man fotografieren?	Må man fotografere? mo: man fotogra'fer?
Haben Sie einen Katalog/Führer?	Har I et katalogen guide? har i ed katalog/en gaide?
Ich hätte gern einen Audio-Führer (auf Deutsch/Englisch).	Jeg vil gerne bede om en audioguide (på tyskengelsk). jai we gerne be om en audiogaide (po: tüsg/engelsg).
Haben Sie das Bild als Poster/Postkarte?	Har I også billedet som plakat/ postkort? har i osse billed som pla'kad/posdkord?

Was für ein Gebäude/ Denkmal ist das?	**Hvad er det for en bygning/et mindesmærke?** wä er de for en bügning/ed minnesmärge?

Weitere Wörter

Abtei	**kloster, -et** klo:sder
Altstadt	**den gamle bydel** den gamle büdel
Ausflugsboot	**udflugtsbåd, -en** udflo:gdsbo:d
Ausgrabungen	**udgravninger** udgrawninger
Aussicht	**udsigt, -en** udsigt
Ausstellung	**udstilling, -en** udsdilling
Basilika	**basilika, -en** ba'silika
Berg	**bjerg, -et** bjerw
Bibliothek	**bibliotek, -et** biblio'teg
Bild	**billede, -t** billed
Bildhauer(in)	**billedhugger, -en** billedho:gger
Botanischer Garten	**botanisk have** bota'nisg hawe
Brücke	**bro, -en** bro
Brunnen	**brønd, -en** brön
Burg	**borg, -en** borw
Büste	**buste, -n** büsde
Decke	**loft, -et** lo:fd

Denkmal	**mindesmærke, -t** minnesmärge
Dom	**domkirke, -n** domkirge
Felsritzungen	**klipperevner** klibberewner
Festung	**fæstning, -en** fäsdning
filmen	**filme** filme
Flohmarkt	**loppemarked, -et** lobbemarked
Fluss	**flod, -en** flod
fotografieren	**fotografere** fodogra'fere
Freilichtmuseum	**friluftsmuseum, -seet** frilo:fdsmu'seum
Fremdenführer(in)	**guide, -n** gaide
Fresko	**fresco, -en** fresgo
Friedhof	**kirkegård, -en** kirgego:r
Fußgängerzone	**gågade, -n** go:gade
Galerie	**galleri, -et** galle'ri
Garten	**have, -n** hawe
Gebäude	**bygning, -en** bügning
Gedenkstätte	**mindested, -et** minnesded
Gegend	**område, -t** omro:de
Gemälde	**maleri, -et** maleri
Gemäldesammlung	**kunstsamling, -en** kunsdsamling
geöffnet	**åben** o:ben
geschlossen	**lukket** lo:gged
Gewölbe	**hvælving, -en** wälwing

Glockenspiel	**klokkespil, -et** kloggesbil
Glockenturm	**klokketårn, -et** kloggeto:rn
Gobelin	**gobelin, -en** gobe'lin
Gottesdienst	**gudstjeneste, -n** gudstjensde
Grab	**grav, -en** grau
Hafen	**havn, -en** haun
Halbinsel	**halvø, -en** halö
Hauptstadt	**hovedstad, -en** howedsdad
Heimatmuseum	**Nationalmuseet** na'schonalmu'seed
Hof	**gård, -en** go:r
Höhle	**hule, -n** hule
Hotelverzeichnis	**hotelfortegnelse, -n** ho'telfortegnelse
Hügel	**bakke, -n** bagge
Innenstadt	**indreby** indrebü
Inschrift	**indskrift, -en** insgrifd
Insel	**ø, -en** ö
Jahrhundert	**århundrede, -t** o:rhunred
Kapelle	**kapel, -let** kapel
Katalog	**katalog, -et** kata'lo
Kathedrale	**katedral, -en** kate'dral
keltisch	**keltisk** keltisg
Kirche	**kirke, -n** kirge
Kirchturm	**kirketårn, -et** kirgeto:rn
Kloster	**kloster, -et** klosder
König	**konge, -n** konge

Königin	dronning, -en dronning
Kopie	kopi, -en ko'pi
Kreuz	kors, -et kors
Kreuzgang	korsgang, -en korsgang
Kunst	kunst, -en ko:nsd
Künstler(in)	kunstner, -en ko:nsd'ner
Kuppel	kuppel, -plen kubbel
Landschaft	landskab, -et lansgab
Maler(in)	maler, -en maler
Malerei	maleri, -et maleri
Markt	marked, -et marged
Markthalle	markedshal, -len margedshal
Marmor	marmor, -et marmor
Mauer	mur, -en mur
Mausoleum	mausoleum, -leet mauso'leum
Minarett	minaret, -en mina'red
Mittelalter	middelalder, -en middelaler
Mosaik	mosaik, -ken mosa'ig
Moschee	moske, -n mo:'sge
Mühle	mølle, -n mölle
Museum	museum, -seet mu'seum
Nationalpark	nationalpark, -en nascho'nalpark
Naturschutzgebiet	naturreservat, -et naturresa'wad
Opernhaus	operahus, -et operahus

Orgel	orgel, -et orwel
Original	original, -en oigi'nal
Palast	palads, -et pa'lsa
Park	park, -en park
Plakat	plakat, -en pla'kad
Platz	plads, -en plas
Portal	portal, -en por'tal
Porträt	portræt, -et por'träd
Poster	plakat, -en pla'kad
Prospekt	brochure, -n bro'schür
Rathaus	rådhus, -et ro:dhus
Relief	relief, -fet reli'ef
restauriert	restaureret resdau'rered
Ruine	ruin, -en ruin
Runensteine	runestenen runesden
Saal	sal, -en sal
Sammlung	samling, -en samling
Sandstein	sandsten, -en sansden
Säule	søjle, -n soi'le
Schatzkammer	skattekammer, -et sgaddekammer
Schifffahrtsmuseum	skibsmuseum, -seet sgibsmu'seum
Schloss	slot, -tet slod
Schlucht	kløft, -en klöfd
Schnitzerei	træskærerarbejde, -t trasgärarbaide

See	sø, -en sö
Sehenswürdigkeiten	seværdigheder se'wärdiheder
Skulptur	skulptur, -en sgulb'tur
Stadion	stadion, -et satdion
Stadt	by, -en bü
Stadtmauer	bymur, -en bümur
Stadtteil	bydel, -en büdel
Stadttor	byport, -en büpord
Stausee	opstemmet sø, -en obsdemmed sö
Sternwarte	observatorium, -toriet obserwa'torium
Synagoge	synagoge, -n süna'go
Tal	dal, -en dal
Tempel	tempel, -plet tembel
Töpferei	keramisk værksted, -et ke'ramisg wärgsded
Tor	port, -en pord
Tropfsteinhöhle	drypstenshule, -n dröbsdenshule
Turm	tårn, -et to:rn
Überreste	levninger lewninger
Umgebung	omgivelse, -n omgiwelse
Volkskundemuseum	etnografisk museum, -seet ednogra'fisg mu'seum
Wald	skov, -en sgow
Wallfahrtsort	valfartssted, -et walfardssded

Wandmalerei	**vægmaleri, -et** wägmaleri
Wappen	**våbenskjold, -et** wo:bensgjol
Wasserfall	**vandfald, -et** wanfal
Werk	**værk, -et** werk
Wikinger(in)	**viking, -en** wiking
Wikingerschiff	**vikingeskib, -et** wikingesgib
Zeichnung	**tegning, -en** taining
Zoo	**zoo, -en** soo

Unterhaltung

Kultur

Welche Veranstaltungen finden diese/nächste Woche statt?	**Hvilke events finder sted denne/ næste uge?** wilge ewends finner sded i denne/ näsde ue?
Haben Sie einen Veranstaltungs-kalender?	**Har I en eventkalender?** har i en ewendka'lender?
Was wird heute gespielt?	**Hvad bliver opført i dag?** wä blir obförd i dä?
Wo bekommt man Karten?	**Hvor kan man få fat på billetter henne?** wor ka man fo: fad po: bi'ledder hen?

Wann beginnt ▸	Hvornår begynder ▸ worno:r be'gönner ▸
▸ die Vorstellung?	▸ forestilligen? for'sdillingen?
▸ das Konzert?	▸ koncerten? konserden?
▸ der Film?	▸ filmen? filmen?
Ab wann ist Einlass?	Hvad tid åbnes dørene? wä tid o:bnes dörne?
Sind die Plätze nummeriert?	Er pladserne nummereret? er plaserne numme'rered?
Kann man Karten reservieren lassen?	Kan man reservere billetter? ka man reser'wer bi'ledder?
Ich hatte Karten vorbestellt auf den Namen ...	Jeg har reserveret billetter under navnet jai har reser'wered bi'ledder o:ner nauned ...
Haben Sie noch Karten für heute/morgen?	Har I stadigvæk billeter til i dag/morgen? har i stadigwäg bi'ledder te i dä/morn?

Bitte eine Karte/zwei Karten für ►	**Jeg vil gerne bede om en billet/to billetter til ►** jai we gerne be om en bi'lled/to bi'ledder te ►
► heute.	► **i dag.** i dä.
► heute Abend.	► **i aften.** i afden.
► morgen.	► **imorgen.** i morn.
► die Vorstellung um ... Uhr.	► **forestillingen klokken ...** foresdillengen kloggen ...
► den Film um ... Uhr.	► **filmen klokken ...** filmen kloggen ...
Wie viel kostet eine Karte?	**Hvad koster en billet?** wä kosder en bi'led?
Gibt es eine Ermäßigung für Kinder/Studierende?	**Kan man få børnerabat studenterrabat?** ka man fo: börnerabad/sdu'denderra'bad?
Gibt es eine Ermäßigung für Senioren/-innen?	**Kan man få pensionistrabat?** ka man fo: pang'schonisdrabad?
Wann ist die Vorstellung zu Ende?	**Hvornår slutter forestilligen?** worno:r sludder foresdillingen?
Ich möchte ein Opernglas ausleihen.	**Jeg vil gerne leje en teaterkikkert.** jai we gerne laie en te'aderkiggerd.

An der Kasse

Abendkasse	**billetsalg, -et** bi'ledsal
ausverkauft	**udsolgt** udsold
Galerie	**galleri, -.et** galla'ri
links	**til venstre** te wensdre
Loge	**loge, -n** losche
Mitte	**midt for** mid for
Parkett	**parket, -tet** par'ked
Platz	**plads, -en** plas
Rang	**række, -n** raige
erster Rang	**første række, -n** försde raige
zweiter Rang	**anden række** änen raige
rechts	**til højre** te hoier
Reihe	**række, -n** raige
Stehplatz	**ståplads, -en** sdo:plas
Vorverkauf	**forsalg, -et** forsal

Weitere Wörter

Akt	**akt, -et** agt
Ballett	**ballet, -ten** ba'led
Chor	**kor, -et** kor
Dirigent(in)	**dirigent, -en** dia'gend
Festspiele	**festival, -en** fesdiwal
Folkloreabend	**folkloreaften, -en** fol'kloreafden

Freilichtbühne	**friluftsteater, -et** frilo:fdste'ader
Hauptrolle	**hovedrolle, -n** howedrolle
Inszenierung	**iscenesættelse, -n** i'senesäddelse
Kabarett	**kabaret, -en** ka'bare
Kino	**biograf, -en** bio'graf
Musical	**musical, -en** mjusikal
Musik	**musik, -ken** mu'sik
Oper	**opera, -en** opera
Operette	**operette, -n** operedde
Orchester	**orkester, -et** or'kesder
Platz	**plads, -en** plas
Popkonzert	**popkoncert, -en** popkon'serd
Programmheft	**program, -met** pro'gramm
Regisseur(in)	**instruktør, -en** instrok'tör
Sänger	**sanger, -en** sanger
Sängerin	**sangerinde, -n** sangerinne
Schauspieler	**skuespiller, -en** sguesbiller
Schauspielerin	**skuespillerinde, -n** sguesbillerinne
Spielfilm	**spillefilm, -en** sbillefilm
synchronisiert	**synkroniseret** sünkroni'sered
Tänzer	**danser, -en** danser
Tänzerin	**danserinde, -n** danserinne
Theater	**teater, -et** te'ader

Theaterstück	**teaterstykke, -t** te'aderstögge
Untertitel	**tekstning, -en** teksd(ning)
Varieté	**varieté, -en** warie'te
Zirkus	**cirkus, -set/-sen** sirkus

Ausgehen

Was kann man hier abends unternehmen?	**Hvad kan man lave her om aftenen?** wä ka man lawe her om afden?
Gibt es hier eine nette Kneipe/einen Club?	**Er der en hyggelig pub/en klub her?** er der en hüggeli pop/en klub her?
Wo kann man hier tanzen gehen?	**Hvor går man ud og danser her?** wor go:r man ud ow danser her?
Trägt man dort Abendgarderobe?	**Skal man have fint tøj på?** sga man ha find toi po:?
Ist hier noch frei?	**Er der ledigt her?** er der ledi her?
Kann man hier auch etwas essen?	**Kan man også få noget at spise her?** ka man osse fo: no:ed ad sbise her?
Haben Sie eine Getränkekarte?	**Har I et vinkort?** har i ed winkord?

Was möchten Sie/ möchtest du trinken?	**Hvad vil du have at drikke?** wä we du ha ad drigge?
Das Gleiche noch mal, bitte.	**Det samme igen, tak.** de samme igen, tak.
Bitte ohne Eis.	**Uden is, tak.** uden is, tak.
Können Sie mir ein Taxi rufen?	**Kunne du bestille mig en taxa?** ku du be'sdille mig en taksa?

▸ *Essen & Trinken, S. 87*

Weitere Wörter

Bar	bar, -en bar
Blaskapelle	blæseorkester, -et bläseor'kesder
Cocktail	cocktail, -en kok'tel
Drink	drink, -en dring
laut	støjende sdöjene
Livemusik	livemusik, -ken laiwmu'sik
Spielkasino	kasino, -et ka'sino
Tanzabend	aften med dans afden me dans
Theke	bardisk, -en bardisg

APOT

Gut zu wissen

Polizei

Wo ist das nächste Polizeirevier?	**Hvor er den nærmeste politistation?** wor er den närmste pol'itisda'schon?
Ich möchte ► anzeigen.	**Jeg vil gerne anmelde ►** jai we gerne anmelde ►
► einen Diebstahl	► **et tyveri.** ed tüwe'ri
► einen Überfall	► **et overfald.** ed owerfal.
► eine Vergewaltigung	► **en voldtægt.** en woltägd.
Man hat mir meine Handtasche/mein Portemonnaie gestohlen.	**Jeg er blevet frastjålet min håndtaske/pung.** jai er blewed frasdjo:led min ho:ntsage/pung.
Ich habe ... verloren.	**Jeg har tabt ...** jai har tabd ...
Mein Auto ist aufgebrochen worden.	**Der har været indbrud imin bil.** der har wäred inbrud imin bil.
Ich bin betrogen/zusammengeschlagen worden.	**Jeg er blevet snydtslået ned.** jai er blewed snüd/slo:ed ned.

Ich benötige eine Bescheinigung für meine Versicherung.	**Jeg skal bruge en kvittering til mit forsikringsselskab.** jai sga brue en kwi'tering te mid for'sigringsselsgab.
Ich möchte mit meinem Anwalt/ meiner Anwältin sprechen.	**Jeg vil gerne tale med min advokat.** jai we gerne tale me min adwo'kad.
Ich möchte mit meinem Konsulat sprechen.	**Jeg vil gerne tale mit konsulat.** jai we gerne tale mid konsu'lad.

Info Die deutsche Botschaft in Kopenhagen erreichen Sie unter der Telefonnummer 35 45 99 00. Für Auskünfte über Pässe und Visa wählen Sie 35 45 99 11, in Notfällen außerhalb der Bürozeiten 40 17 24 90.

Ich bin unschuldig.	**Jeg er uskyldig.** jai er u'sgüldi.

Das könnten Sie hören:

Vær venlig at udfylde denne formular.
wär wenli ad udfüle denn formu'lar.
Füllen Sie bitte dieses Formular aus.

Din legitima-tion, tak.
din legitima'schon, tak.
Ihren Ausweis bitte.

HvornårHvor skete det?
worno:r/wor sgede de?
Wann/Wo ist es passiert?

Du skal henvende dig til dit konsulat.
du sga henwenne dai te dit konsu'lad.
Wenden Sie sich bitte an Ihr Konsulat.

Weitere Wörter

Anzeige	**anmeldelse, -n** anmelse
Autoradio	**bilradio, -en** bilradio
belästigen	**genere** sche'ner
Konsulat	**konsulat, -et** konsu'lad
Botschaft	**ambassade, -n** am'bassade
Dieb(in)	**tyv, -en** tüw
Falschgeld	**falske penge** *pl* flasge penge
Fundbüro	**hittegodskontor, -et** hiddego:skon'tor
Polizei	**politi, -et** poli'ti
Polizist(in)	**politibetjent, -en** poli'tibe'tjend
Portemonnaie	**pengepung, -en** pengepong
Rauschgift	**narkotika** *pl* na'kotika

Taschendieb(in)	lommetyv, -en lommetüw
Unfall	ulykke, -n ulögge
verhaften	anholde anho:le
Zeuge, Zeugin	vidne, -t widne

Gesundheit

Apotheke

Wo ist die nächste Apotheke/Apotheke mit Nachtdienst?	Hvor er det nærmeste apotek/døgnapotek? wor er de närmsde apo'tek/döjnapo'tek?
Haben Sie etwas gegen ...?	Har I noget mod ...? har i no:ed mod ...?
Ich brauche dieses Medikament.	Jeg skal bruge dette lægemiddel. jai sga brue dedde lägemiddel.
Eine kleine Packung genügt.	En lille pakke er nok. en lille pagge er nog.

Das könnten Sie hören:

Dette lægemiddel erreceptpligtigt.
dedde lägemiddel er re'sebtpligdig.
Dieses Medikament ist rezeptpflichtig.

Wie muss ich es einnehmen?	Hvordan skal jeg tage det? wordan sga jai ta de?

Das könnten Sie hören:

Det har vi ikke hjemme.
de har wi igge jemme.
Das haben wir nicht da.

Det bliver vi nød til at bestille.
de blir wi nöd te ad be'sdille.
Wir müssen es bestellen.

Wann kann ich es abholen?	Hvornår kan jeg afhente det? worno:r ka jai auhende de?

Medikamente

Abführmittel	afføringsmiddel, -midlet auföringsmiddel
Antibabypille	p-pille, -n pe'pille
Antibiotikum	antibiotikum, -ka antibi'otika
Augentropfen	øjendråber oiendro:ber
Beruhigungsmittel	beroligende middel, -midlet be'roline middel
Desinfektionsmittel	desinfektionsmiddel, -midlet desinfek'schonsmiddel

Elastikbinde	elastikbind, -et ela'sdigbin
fiebersenkendes Mittel	febersænkende middel, -midlet febersängene middel
Fieberthermometer	febertermometer, -et febertermomeder
Halsschmerz-tabletten	halstabletter halsta'bledder
homöopathisch	homøopatisk homö'patisg
Hustensaft	hostesaft, -en hosdesafd
Insulin	insulin, -en insu'lin
Jod	jod, -en jod
Kohletabletten	kultabletter koltab'ledder
Kondome	kondomer kon'domer
Kopfschmerz-tabletten	hovedpinetabletter howedpinetab'ledder
Kreislaufmittel	middel, -midlet for kredsløbet middel for kreslöbed
Magentabletten	mavetabletter maweta'bledder
Mittel gegen ...	middel, -midlet mod ... middel mod ...
Mullbinde	gazebind, -et gasebin
Nasentropfen	næsedråber näsedro:ber
Ohrentropfen	øredråber öredrober
Pflaster	plaster, -et plasder
Puder	pudder, -et pudder

Pulver	pulver, -et po:lwer
Rezept	recept, -en re'sebt
Salbe	salve, -n salwe
Salbe gegen Juckreiz	salve mod kløe salwe mod klö
Salbe gegen Mückenstiche	salve mod myggestik salwe mod müggesdig
Salbe gegen Sonnenallergie	salve mod solallergi salwe mod solaller'gi
Salbe gegen Sonnenbrand	salve mod solskoldning salwe mod solskolning
Schlaftabletten	sovepiller sowepiller
Schmerzmittel	smertestillende middel, -midlet smertesdillne middel
Spritze	sprøjte, -n sbröjde
Tabletten gegen ...	tabletter mod ... ta'bledder mod ...
Tropfen	dråber *pl* dro:ber
Verbandszeug	forbindingssager *pl* for'biningssär
Wundsalbe	sårsalve, -n so:rsalwe
Zäpfchen	stikpille, -n sdikpille

Medizinische Behandlung

Können Sie mir einen praktischen Arzt/ eine praktische Ärztin empfehlen?	**Kan du anbefale mig en praktiserede læge?** ka du anbe'fle mai en prakti'serne lä?
Können Sie mir einen Zahnarzt/ eine Zahnärztin empfehlen?	**Kan du anbefale mig en tandlæge?** ka du anbe'fl mai en tanlä?

Info In Dänemark können Sie sich an jede beliebige Praxis wenden oder die Ambulanz eines Krankenhauses (sygehus) aufsuchen. Sie brauchen lediglich Ihre Krankenversicherungskarte vorzulegen. Sollten Sie die Rechnung vor Ort begleichen müssen, können Sie sie bei Ihrer Krankenkasse zur Erstattung einreichen. Die Notaufnahme heißt skadestue.

Wann ist die Sprechstunde?	**Hvornår har han konsultationstid?** worno:r har han konsula'dschonstid?
Spricht er/sie Deutsch/Englisch?	**Taler han tysk/engelsk?** taler han tüsg/engelsg?
Wo ist die Praxis?	**Hvor ligger hans praksis?** wo: ligger hans pragsis?

Kann er/sie herkommen?	Kan han komme herhen? ka han komme herhen?

Info Die Notrufnummer in Dänemark lautet 112. Diese Nummer kann von jeder öffentlichen Telefonzelle aus kostenfrei angerufen werden.

Rufen Sie bitte einen Krankenwagen/Notarzt/eine Notärztin!	Vær sød at ringe efter en ambulance/vagtlægen! wär söd d ringe efder en ambolangs/wagdlän!
Mein Mann/Meine Frau ist krank.	Min mand/kone er syg. min man/kone er sü.
Wohin bringen Sie ihn/sie?	Hvor kører I ham/hende hen? wor kör i ham/henne hen?
Ich möchte mitkommen.	Jeg vil gerne med. jai we gerne me.

Info Im Dänischen wird normalerweise kein Unterschied zwischen Arzt und Ärztin gemacht. Wenn Sie aber betonen möchten, dass Sie zu einer Ärztin wollen, setzen Sie das Wort weiblich vor Arzt (kvindelig læge).

Ärzte und Ärztinnen

Arzt	læge, -n lä
Ärztin	(kvindelig) læge, -n (kwinneli) lä
Augenarzt, -ärztin	øjenlæge, -n oinlä
Frauenarzt	gynækolog, -en günäko'lo
Frauenärztin	(kvindelig) gynækolog, -en (kwinneli) günäko'lo
Hals-Nasen-Ohren-Arzt, -Ärztin	øre-næse-hals-læge, -n öre'näse'hals'lä
Hautarzt, -ärztin	hudlæge, -n hudlä
Heilpraktiker(in)	naturlæge, -n nturlä
Internist(in)	mediciner, -en medi'siner
Kinderarzt, -ärztin	børnelæge, -n börnelä
Orthopäde, Orthopädin	ortopæd, -en orto'päd
praktischer Arzt, praktische Ärztin	praktiserende læge pragti'serne lä
Tierarzt, -ärztin	dyrlæge, -n dürlä
Urologe, Urologin	urolog, -en uro'lo
Zahnarzt, -ärztin	tandlæge, -n tanlä

In der Praxis

Ich bin (stark) erkältet.	**Jeg er (meget) forkølet.** jai er (maid) forköled.
Ich habe ►	**Jeg har ►** jai har ►
► Kopfschmerzen.	► **hovedpine.** howedpine.
► Halsschmerzen.	► **ondt i halsen.** ond i halsen.
► (hohes) Fieber.	► **(høj) feber.** (hoi) feber.
► Durchfall.	► **diare.** dia're.
Ich fühle mich nicht wohl.	**Jeg har det dårligt.** jai har de do:rlid.
Mir ist schwindelig.	**Jeg er svimmel.** jai er swimmel.
Mir tut/tun ... weh.	**Jeg har ondt i ...** jai har o:nd i ...
Hier habe ich Schmerzen.	**Her gør det ondt.** her gör de o:nd.
Ich habe mich (mehrmals) übergeben.	**Jeg har kastet op (flere gange).** jai har kasded ob (flere gange).
Ich habe mir den Magen verdorben.	**Jeg har ondt i maven.** jai har o:nd i mawen.

Ich bin ohnmächtig geworden.	**Jeg besvimede.** jai be'swimede.
Ich kann ... nicht bewegen.	**Jeg kan ikke bevæge ...** jai ka igge be'wä ...
Ich habe mich verletzt.	**Jeg har slået mig.** jai har slo:ed mai.
Ich bin gestürzt.	**Jeg er faldet.** jai er faled.
Ich bin von ... gestochen/gebissen worden.	**Jeg er blevet stukket afbidt af ...** jai er blewed sdugged a/ bit a ...
Ich bin (nicht) gegen ... geimpft.	**Jeg er (ikke) vaccineret mod ...** jai er (igge) waksi'nered mod ...
Ich bin allergisch gegen Penizillin.	**Jeg er allergisk over for penicillin.** jeg er aller'gisg ower for penisi'lin.
Ich habe einen hohen/niedrigen Blutdruck.	**Jeg har højt/lavt blodtryk.** jai har hoid/lawd blodtrög.
Ich habe einen Herzschrittmacher.	**Jeg har en pacemaker.** jai har en pejsmäker.
Ich bin (im ... Monat) schwanger.	**Jeg er gravid (i måned).** jai er grawid (i mo:ned).

Ich bin Diabetiker(in).	**Jeg er diabetiker.** jai er diabe'tiger.
Ich nehme regelmäßig diese Medikamente.	**Jeg tager denne medicin regelmæssig.** jai tar denn medi'sin relmässi.

Das könnten Sie hören:

Hvad er der galt med dig?
wa er der gald me dai?
Was für Beschwerden haben Sie?

Hvor har du ondt?
wor har du o:nd?
Wo haben Sie Schmerzen?

Gør det ondt?
gör de o:nd?
Tut das weh?

Åben munden.
o:ben mo:nnen.
Öffnen Sie den Mund.

Stræk tungen ud.
sdräg to:ngen ud.
Zeigen Sie die Zunge.

Vær sød at tagetrøjen af.
wär söd ad ta tröjen a.
Bitte machen Sie den Oberkörper frei.

Træk ærmet op.
träg ärmed ob.
Bitte machen Sie Ihren Arm frei.

Vi bliver nød til at røntgenfotografere dig.
wi blir nöd te ad röngenfotogra'fere dai.
Wir müssen Sie röntgen.

Ånd dybt ind. Hold vejret.
o:n dübd in. ho:l wered.
Atmen Sie tief ein. Atem anhalten.

Hvor længe har du haft det sådan?
wor länge har du hafd de so:dan?
Wie lange haben Sie diese Beschwerden schon?

Er du vaccineret mod ...?
er du wagsi'nered mod ...?
Sind Sie gegen ... geimpft?

Har du et vaccinationskort?
har du ed wagsi'naschonskord?
Haben Sie einen Impfpass?

Dit blod/Din urin skal undersøges.
did blod/din urin sga o:nnersös.
Ihr Blut/Urin muss untersucht werden.

Du skal opereres.
du sga obe'reres.
Sie müssen operiert werden.

Det er ikke noget alvorligt.
de er igge no:ed al'worli.
Es ist nichts Ernstes.

Du skal komme igen i morgen/om ... dage.
du sga komme igen i morn/om ... dä.
Kommen Sie morgen/in ... Tagen wieder.

Können Sie mir ein Attest ausstellen?
Kunne du udstede en attest til mig? ku du udsdede en a'tesd te mai?

Muss ich noch einmal kommen?
Skal jeg komme igen? sga jai komme igen?

Geben Sie mir bitte/ eine Quittung für meine Versicherung.
Kunne jeg bede om en kvittering til mit forsikringsselskab. ku jai be om en kwi'tering te mid for'sigringsselsgab.

Körperteile

Arm	arm, -en arm
Auge	øje, -et oie
Bandscheibe	bruskskive, -n brusgsgiwe
Bauch	mave, -n mawe
Becken	bækken, -et bäggen
Bein	ben, -et ben
Blase	blære, -n bläre
Blinddarm	blindtarm, -en blintarm
Blut	blod, -et blod
Bronchien	bronkier pl brong'kjer
Brust	bryst, -et brösd
Darm	tarm, -en tarm
Ferse	hæl, -en häl
Finger	finger, -en finger
Fuß	fod, -en fod
Galle	galle, -n galle
Gehirn	hjerne, -n jerde
Gelenk	led, -det led
Gesäß	haleben, -et haleben
Geschlechtsorgane	køn, -net kön
Gesicht	ansigt, -et ansigd
Hals	hals, -en hals
Hand	hånd, -en ho:n
Haut	hud, -en hud
Herz	hjerte, -t jerde
Hüfte	hofte, -n hofde

Knie	knæ, -et knä
Kniescheibe	knæskal, -len knäsgal
Knöchel Fuß	ankel, -klen ankel
Knöchel Hand	håndled, -det honled
Knochen	knogle, -n knogle
Kopf	hoved, -et howed
Körper	krop, -pen krob
Leber	lever, -en lewer
Lunge	lunge, -n lo:nge
Magen	mave, -n mawe
Mandeln	mandler manler
Mund	mund, -en mo:n
Muskel	muskel, -klen musgel
Nacken	nakke, -n nagge
Nase	næse, -n näse
Nebenhöhle	bihule, -n bihuler
Nerv	nerve, -n nerwe
Niere	nyre, -n nüre
Ohr	øre, -et ör
Rippe	ribben, -et ribben
Rücken	ryg, -gen rög
Schienbein	skinneben, -et sginneben
Schilddrüse	skjoldbruskkirtel, -tlen sgjoldbrosgkirdel
Schleimhaut	slimhinde, -n slimhinne
Schlüsselbein	nøgleben, -et noileben
Schulter	skulder, -en sguller

Sehne	sene, -n sene
Stirn	pande, -n panne
Stirnhöhle	pandehule, -n pannehule
Wade	læg, -gen läg
Wirbel	hvirvel, -vlen wirwel
Wirbelsäule	rygrad, -en rögrad
Zahn	tand, -en tan
Zehe	tå, -en to:
Zunge	tunge, -n to:nge

Krankheiten, Beschwerden

Abszess	absces, -sen ab'ses
Aids	aids, -en äids
Allergie	allergi, -en aller'gi
Angina	angina, -en ang'gina
ansteckend	smittende smidne
Atembeschwerden	åndedrætsbesvær, -et onnedrädsbe'swär
Ausschlag	udslæt, -tet udsläd
Bänderriss	ledbåndsskade, -n ledbo:nsskade
Bindehaut-entzündung	bindehindebetændelse, -n binnehinnebe'tändelse
Biss	bid, -det bid
Blase Wundblase	vabel, -blen wabel

Blasenentzündung	blærebetændelse, -n blärbe'tänelse
Blinddarm-entzündung	blidtarmsbetændelse, -n blintarmsbe'tännelse
hoher Blutdruck	højt blodtryk, -ket hoid blodtrög
niedriger Blutdruck	lavt blodtryk, -ket lawd blodtrög
Blutung	blødning, -en blödning
Blutvergiftung	blodforgiftning, -en blodfor'gifdning
Bronchitis	bronkitis, -en bron'kitis
COVID-19/ Coronavirus	covid-19/coronavirus 'kowid-nidden/ko'ronawirus
Diabetes	diabetes diabe'tes
Durchfall	diare, -en dia're
Entzündung	betændelse, -n be'tännelse
Erbrechen	opkastning, -en obkasdning
Erkältung	forkølelse, -n for'kölelse
Fieber	feber, -en feber
Gallensteine	galdesten, -en gallesten
gebrochen	brækket brägged
Gehirnerschütterung	hjernerystelse, -n jernerösdelse
Geschlechtskrankheit	kønssygdom, -men könssügdom
Geschwür	byld, -en bül

Grippe	influenza, -en inflo'ensa
Hämorriden	hæmorider hämo'rider
Herpes	herpes herbes
Herzanfall	hjertetilfælde, -t jerdetelfäle
Herzfehler	hjertefejl, -en jerdefail
Herzinfarkt	hjerteinfakt, -et jerdein'fagd
Heuschnupfen	høfeber, -en höfeber
Hexenschuss	hekseskud, -det heksesgud
Hirnhautentzündung	hjernehindebetændelse, -n jernehinnebe'tännelse
Husten	hoste, -n hosde
Infektion	infektion, -en infek'schon
Keuchhusten	kighoste, -n kihosde
Kinderlähmung	børnelammelse, -n börne'lammelse
Kolik	kolik, -ken ko'lig
Krampf	krampe, -n karmbe
Krebs	kræft, -en kräfd
Kreislaufstörungen	kredsløbsforstyrrelsen kreslösfor'sdürrelse
Lebensmittel-vergiftung	madforgiftning, -en madforgifd'ning
Leistenbruch	lyskebrok, -ken lüsgebrog
Lungenentzündung	lungebetændelse, -n lo:ngebe'tännelse
Magengeschwür	mavesår, -et mawesor
Magenschmerzen	mavepine, -n mawepine

Malaria	malaria, -en ma-laria
Mandelentzündung	halsbetændelse, -n halsbe'tännelse
Masern	mæslinger mäslinger
Menstruation	menstruation, -en mensdra'schon
Migräne	migræne, -n mi'gräne
Mittelohrentzündung	mellemørebetændelse, -n mellemörebe'tännelse
Mumps	fåresyge, -n foresüe
Muskelzerrung	muskelforvridning, -en musgelfor'wridning
Nasenbluten	næseblod, -et näseblod
Neuralgie	neuralgin -en noiral'gi
Nierensteine	nyresten, -en nüresden
Pilzinfektion	svamp, -en swamb
Prellung	lettere kvæstelse, -n leddere kwäsdelse
Röteln	røde hunde röde hunne
Salmonellen-vergiftung	salmonellaforgiftning, -en slmo-nellafor-gifdning
Scharlach	skarlagensfeber, -en sgarlansfeber
Scheidenentzündung	betændelse i skeden be'tännelse i sgeden
Schlaganfall	slagtilfælde, -t slawtel'fäle

Schnupfen	forkølelse, -n for'kölelse
Schüttelfrost	kuldegysninger *pl* kullegüsninger
Schweißausbruch	svedetur, -en swedeture
Schwellung	hævelse, -n häwelse
Schwindel	svimmelhed, -en swimmelhed
Sodbrennen	halsbrand, -en halsbran
Sonnenbrand	solskoldning, -en solsgolning
Sonnenstich	solstik, -ket solsdig
Stich	stik, -ket sdig
Tetanus	stivkrampe, -n sdiwkrambe
Übelkeit	kvalme, -n kwalme
Verbrennung	forbrænding, -en for'branning
Verletzung	kvæstelse, -n kwäsdelse
verrenkt	forvredet for'wreded
verstaucht	forstuvet for'sdued
Verstopfung	forstoppelse, -n for'sdobbelse
Windpocken	skoldkopper sgolkobber
Wunde	sår, -et so:r
Zeckenbiss	tægebid, -det täebid

Im Krankenhaus

Gibt es hier eine Person, die Deutsch spricht?	**Er der nogen her som taler tysk?** er der noen her som taler tüsg?
Ich möchte mit einem Arzt/einer Ärztin sprechen.	**Jeg vil gerne tale med en læge.** jai we gerne tale me en lä.
Ich möchte mich lieber in Deutschland operieren lassen.	**Jeg vil hellere opereres i Tyskland.** jai we hellere obe'reres i tüsglan.
Bitte benachrichtigen Sie meine Familie.	**Vær sød at underrette min familie.** wär söd ad o:nnerredde min fa'milje.
Könnten Sie mir bitte helfen?	**Kunne du være sød at hjælpe mig?** ku du wär söd ad jälbe mai?
Geben Sie mir bitte etwas gegen die Schmerzen/zum Einschlafen.	**Kunne jeg bede om noget mod smerternetil at sove på?** ku jai be om no:ed mod smerderne/te ad sowe po:?

In zahnärztlicher Behandlung

Dieser Zahn hier tut weh.	**Den tand gør ondt.** den tan gör o:nd.
Der Zahn ist abgebrochen.	**Tanden er knækket.** tannen er knägged.
Ich habe eine Füllung/Krone verloren.	**Jeg har tabt en fyldning/krone.** jai har tabd en fülning/krone.
Den Zahn bitte nicht ziehen.	**Du skal ikke trække tanden ud.** du sga igge trägge tannen ud.
Können Sie den Zahn provisorisch behandeln?	**Kan du behandle tanden provisorisk?** ka du be'hanle tannen prowi'sorisg?
Geben Sie mir bitte eine Spritze.	**Jeg vil gerne have bedøvelse.** jai we gerne ha be'döwelse.
Geben Sie mir bitte keine Spritze.	**Jeg vil ikke have bedøvelse.** jai we igge ha be'döwelse.
Können Sie diese Prothese reparieren?	**Kan du reparere denne protese?** ka du repa'rer denn pro'tese?

Das könnten Sie hören:

Du skal have lavet en bro.
du sga ha lawed en bro.
Sie brauchen eine Brücke.

Du skal have lavet en fyldning.
du sga ha lawed en fülning.
Sie brauchen eine Füllung.

Du skal have lavet en krone.
du sga ha lawed en krone.
Sie brauchen eine Krone.

Jeg bliver nød til at trække tanden ud.
jai blir nöd te ad trägge tannen ud.
Ich muss den Zahn ziehen.

Værsgo og skyld.
wärsgo ow sgöl.
Bitte gut spülen.

Weitere Wörter

Abdruck .... aftryk, -ket autrög
Amalgamfüllung .... amalgamplombe, -n almal'gamfülning
Gebiss *(Prothese)* .... protese, -n pro'tese

Goldinlay	guldfyldning, -en gulfülning
Inlay	krone, -n krone
Karies	karies pl karies
Kiefer	kæbe, -n käbe
Kunststofffüllung	plastfyldning, -en plasdfülning
Nerv	nerve, -n nerwe
Parodontose	parodentose, -n paroden'tose
Porzellanfüllung	porcelænsfyldning, -en porselänsfülning
Provisorium	provisorium, -soriet prowi'sorium
Weisheitszahn	visdomstand, -en wisdomstan
Wurzel	rod, -en rod
Wurzelbehandlung	rodbehandling, -en rodbe'hannling
Zahn	tand, -en tan
Zahnfleisch	tandkød, -et tanköd
Zahnfleisch-entzündung	tandkødsbetændelse, -n tanködsbe'tänelse
Zahnspange	bøjle, -n boile
Zahnstein	tandsten, -en tansden

COVID-19

Wo ist das nächste COVID-19-Testzentrum?	**Hvor er det nærmeste covid-19-testcenter?** wor er det närmsde 'kowid-nidden testßentär?
Ich benötige einen COVID-19-Schnelltest/PCR-Test.	**Jeg skal bruge en COVID-19 hurtigtest/PCR-test.** jai sga brue en 'kowid-nidden 'horditest/pe-tse-är-test.

Bank

Entschuldigen Sie bitte, wo ist hier eine Bank/ein Geldautomat?	**Undskyld, er der en bank/pengeautomat her i nærheden?** o:nsgül, er der en bank/pengeauto'mad her i närheden?
Wo kann ich Geld wechseln?	**Hvor kan jeg få vekslet penge?** wor ka jai fo: wegsled penge?

Info Außer in Banken können Sie auch in Wechselbüros (z. B. Forex) Geld wechseln. Diese haben längere Öffnungszeiten als die Banken und sind in allen größeren Bahnhöfen vertreten. Dänische Kronen können Sie natürlich in Dänemark auch direkt am Geldautomaten (Kontanten) abheben. In der Regel können Sie Deutsch als Spracheinstellung auswählen.

Ich möchte ... Euro/ Schweizer Franken umtauschen.	**Jeg vil gerne veksle ... euro/ schweizerfranc.** jai we gerne wegsle ... ewro/swiserfrnk.
Ich möchte einen Reisescheck einlösen.	**Jeg vil gerne have indløst en rejsecheck.** jai we gerne ha inlösd en raiseschek.
Wie hoch sind die Gebühren?	**Hvad betaler man i vekselgebyr?** wä be'taler man i wegselge'bür?
Wie ist der Wechselkurs heute?	**Hvordan står vekselkursen i dag?** wordan sdo:r wegselkursen i dä?
Ich habe mir Geld überweisen lassen. Ist es schon da?	**Jeg har fået overvist nogle penge. Er de kommet frem?** jai har fo:ed owerwisd nole penge. er de kommed frem?
Ich möchte mit meiner Kreditkarte Bargeld bekommen.	**Jeg vil gerne hæve nogle pengepåmit kreditkort.** jai we gerne häw nole penge po: mid kre'didkord.

Das könnten Sie hören:

Hvordan vil du have pengene?
wordan we du ha pengne?
Wie möchten Sie das Geld haben?

In kleinen Scheinen, bitte.	I små sedler, tak. i smo: sedler, tak.
Geben Sie mir bitte auch etwas Kleingeld.	Jeg vil også gerne bede om nogle småpenge. jai we osse gerne be om noen smopenge.
Der Geldautomat hat meine Karte einbehalten.	Pengeautomaten har tilbageholdtmit kort. pengeauto'maden har te'bäbeholdmid kord.
Ich habe meine Geheimzahl vergessen.	Jeg har glemt min pinkode. jai har glemd min pinkod.

Weitere Wörter

Banküberweisung	bankoverførsel, -slen bangowerförsel
Betrag	beløb, -et be'löb
Euro	euro, -en ewro
Eurochequekarte EC-Karte	Maestrokort, -et misdrokord
Geheimzahl	pinkode, -n pinkod
Geldautomat	pengeautomat, -en pengeauto'mad

Kartennummer	kortnummer, -et kordnummer
Kasse	kasse, -n kassen
Kreditkarte	kreditkort, -et kre'didkord
Kurs	kurs, -en kurs
Münze	mønt, -en mönd
Reisescheck	rejsecheck, -en raiseschek
Schalter	skranke, -n sgrange
Scheckkarte	betalingskort, -et be'talingskord
Schweizer Franken	schweizerfranc, -en swaiserfrank
Sparkasse	sparekasse, -n sbarkasse
Überweisung	overførsel, -slen owerförsel
Unterschrift	underskrift, -en o:nnersgrifd
Währung	valuta, -en wa'luta
Wechselstube	vekselkontor, -et wegselkon'tor

Post

Wo ist das nächste Postamt/der nächste Briefkasten?
Hvor er det nærmeste posthus/den nærmeste postkasse?
wor er de närmsde posdhus/den närmsde posdkasse?

Was kostet ein Brief/eine Karte nach ...?
Hvad koster et brev/kort til ...?
wä kosder ed brew/kord te ...?

Info Dort, wo Sie Ansichtskarten angeboten bekommen, erhalten Sie in der Regel auch Briefmarken. Außerdem können Sie in Postämtern, Supermärkten, Zeitungs- und Tabakgeschäften sowie an Tankstellen Briefmarken kaufen.

Fünf Briefmarken zu ... bitte.	**Jeg vil gerne bede om fem frimærker til ...** jai we god be om fem frimärger te ...
Diesen Brief bitte per Express.	**Dette brev skal sendes per ekspres, tak.** dedde brew sga sennes per egs'pres, tak.
Ich möchte dieses Paket aufgeben.	**Jeg vil gerne have sendt denne pakke.** jai we gerne ha send denn pagge.
Wo ist der Schalter für postlagernde Sendungen?	**Hvor er lugen for post restante post?** wor er lugen for posd restande posd?
Haben Sie Post für mich?	**Er der post til mig?** er der posd te mai?

Weitere Wörter

Absender(in)	**afsender, -en** ausenner
Adresse	adresse, -n a'dresse
Ansichtskarte	postkort, -et posdkord
Briefmarke	frimærke, -t frimärge
Eilbrief	ekspresbrev, -et egs'presbrew
Empfänger(in)	**modtager, -en** modtär
Päckchen	pakke, -n pagge
Postleitzahl	postnummer, -et posdnummer
schicken	sende senne
Sondermarke	jubilæumsmærke, -t jubi'läumsmärge
Wertangabe	værdiangivelse, -n wär'diangiwelse
Wertpaket	værdiforsendelse, -n wär'difor'sennelse
zerbrechlich	skrøbelig sgröbeli

Telefon

Wo kann ich hier telefonieren?	**Hvor kan jeg ringe fra?** wor ka jai ringe fra?
Ich hätte gerne eine Prepaid-Karte.	**Jeg vil gerne bede om et taletidskort.** jai we gerne be om ed taletidskord.
Wie ist die Vorwahl von ...?	**Hvad er forvalget til ...?** wä er for'waled te ...?
Hallo? Hier ist ...	**Hej! Det er ...** hai! de er ...
Ich möchte ... sprechen.	**Jeg vil gerne tale med ...** jai we gerne tale me ...

Das könnten Sie hören:

Det er mig.
de er mai.
Am Apparat.

Vil du efterlade en besked?
we du efderlade en be'sged?
Kann ich etwas ausrichten?

Jeg stiller om. jai sdiller om.	
	Ich verbinde.
Lige et øjeblik. li ed oieblig..	
	Bitte bleiben Sie am Apparat
Ich rufe später noch mal an.	**Jeg ringer igen lidt senere.** jai renger igen lid sener.
Bitte ein R-Gespräch.	**En modtager-betaler-samtale, tak.** en modtär-be'taler-samtale, tak.

Das könnten Sie hören:

Der er optaget. der er optajet.	
	Die Leitung ist besetzt
Der er ingen der svarer. der er ingen der swar.	
	Es meldet sich niemand
Die Verbindung ist schlecht.	**Forbindelsen er dårlig.** for'binnelsen er do:rli.

Weitere Wörter

Akku	**batteri, -et** badderi
Handy	**mobiltelefon, -en** mo'biltele'fon
Handynummer	**mobilnummer, -et** mo'bilnummer
Ladekabel	**opladningskabe, -t** ob'ladningskabel
Mobiltelefon	**mobiltelefon, -en** mo'biltele'fon
SMS	**sms, -en** sms
Telefon	**telefon, -en** tele'fon
Telefonnummer	**telefonnummer, -et** tele'fonnummer

Internet

Gibt es hier WLAN?	**Er der gratis Wi-Fi®?** er der gradis waifai?
Welchen Computer kann ich benutzen?	**Hvilken computer kan jeg benytte?** wilgen kompjuder ka jai benödde?
Könnten Sie mir helfen?	**Kunne du være sød at hjælpe mig?** ku du wär söd ad jälbe mai?

Bitte ändern Sie die Spracheinstellung auf Deutsch/Englisch.	**Vil du være sød at ændre sprogindstillingen til tysk/engelsk.** we du wär söd d ändre sprowinsdillingen te tüsk/engelsg.
Wie logge ich mich ein?	**Hvordan logger jeg mig ind?** wordan logger jai mai in?
Ich möchte eine E-Mail senden.	**Jeg vil gerne sende en e-mail.** jai we gerne senne en i'mejl.
Ich möchte meine Mails checken.	**Jeg vil checke mine e-mails.** jai we tjekke mine i'mejls.
Ich würde gerne etwas ausdrucken/ scannen.	**Jeg vil gerne trykke noget ud/ scanne noget.** jai we gerne trögge no:ed ud/ sganne no:ed.
Der Computer ist abgestürzt.	**Computeren er gået ned.** kom'pjuderen er go:ed ned.

Reisewörterbuch

Deutsch – Dänisch
232

Deutsch – Dänisch

A

ab **fra** fra
abbestellen **afbestille** aube'sdille
Abend **aften, -en** afden
Abendessen **aftensmad, -en** afdensmad
Abendkasse **billetsalg, -et** bi'ledsal
abends **om aftenen** om afdnen
aber **men** men
abfahren **køre** kör
Abfahrt **afgang, -en** augng
Abfall **affald, -et** au'fl
Abflug **afgang, -en** augang
Abführmittel **afføringsmiddel, -midlet** auföringsmiddel
abholen **hente** hende
abnehmen **tage af** ta a; *(Gewicht)* **tabe sig** tabe sai
Abreise **afrejse, -n** aurise
abreisen **tage af sted** ta a sded
absagen **afbestille** aube'sdille
abschalten **slukke for** slogge for
abschließen **aflåse** aulo:se
Absender(in) **afsender, -en** ausenner
absichtlich **med vilje** me wilje
Abteilung **afdeling, -en** au'deling
Adapter **adapter, -en** a'dabder
Adresse **adresse, -n** a'dresse
ähnlich **lignende** linende
Aids **aids, -'en** äids
Akku **batterie, -t** badde'ri
Alkohol **spiritus, -sen** sbiritus
alle **sluppet op** slo:bbed ob
allein **alene** a'lene
Allergie **allergi, -en** aller'gi
alles **alt** ald
allgemein **almindelig** al'menli
als **da** da; *(Vergleich)* **end** än

alt gammel gammel
Alter alder, -en aller
Altglascontainer flaskecontainer, -en flasgekontäner
Ampel lyskurv, -en lüskurw
sich amüsieren more sig more si
an ved we
anbieten tilbyde tel'büd
Andenken souvenir, -en suwe'nir
anderer anden änen
ändern ændre ändre
anders anderledes annerles
Anfang begyndelse, -n be'gönnelse
anfangen begynde be'gönne
Anfänger(in) begynder, -en be'gönner
Angebot tilbud, -det tel'bud
Angestellter ansat, -te ansad
Angestellte (kvindelig) ansat, -te (kwinneli) ansad
Angst angst, -en angsd; ~ haben være bange for wär bange for
ankommen ankomme ankomme
Ankunft ankomst, -en ankomsd
anmelden anmelde anmelle
Anmeldung reception, -en reseb'schon
annehmen formode for'mode
Anorak anorak, -ken ano'rag
anrufen ringe til ringe te
Anschluss forbindelse, -n for'binnelse
Ansichtskarte postkort, -et posdkord
anstatt i stedet for i sded for
anstrengend anstrengende ansdrengende
antik antik an'tig
Antrag ansøgning, -en ansöning
Antwort svar, -et swa
antworten svare sware
Anzahlung acontobeløb, -et a'kontobe'löb
Anzeige anmeldelse, -n anmelse

anziehen tage på ta po; sich ~ klæde sig på klä sai po:
Anzug jakkesæt, -tet jaggesäd
Apfel æble, -t äble
Apfelsaft æblejuice, -n äbledjuse
Apotheke apotek, -et apo'teg
Appartement lejlighed, -en lailihed
Arbeit arbejde, -t arbaide
arbeiten arbejde arbeide
arbeitslos arbejdsløs arbeidslös
ärgerlich ærgerlig ärwli
arm fattig fäddi
Arm arm, -en arm
Armband armbånd, -et armbo:n
Arzt læge, -n lä
Ärztin (kvindelig) læge, -n (kwinneli) lä
Aschenbecher askebæger, -et asgebär
atmen ånde o:nne
auch også o:sse
auf åben o:ben
aufbewahren opbevare obbe'ware
Aufenthalt ophold, -et obho:l
Aufenthaltsraum opholdsrum, -met obho:lsrum
Auffahrunfall påkøringsulykke, -n poköringsulögge
Aufführung opførelse, -n obförlse
aufgeregt nervøs nervös
aufhören holde op holle ob
aufmachen lukke op lugge ob
aufpassen passe på passe po:
aufschreiben skrive op sgriwe ob
aufstehen stå op sdo: ob
aufwachen vågne op wo:wne ob
Aufzug elevator, -en ele'wator
Auge øje, -t oie
aus fra fra

Ausflug udflugt, -en udflo:gd
Ausgang udgang,- en udgang
ausgeben bruge bru
ausgebucht booket op buget ob
ausgehen gå ud go: ud
ausgezeichnet glimrende glimrenne
Auskunft information, -en informa'schon, oplysning, en oblüsning
Ausland udland, -et udlan
Ausländer udlænding, -en udlänning
Ausländerin (kvindelig) udlænding, -en (kwinneli) udlänning
ausländisch udenlandsk udnlansg
ausleihen udleje udlaie
ausmachen *(Licht)* slukke slo:gge; *(vereinbaren)* aftale autale
Ausnahme undtagelse, -n o:ntalelse
ausreichend tilstrækkelig te'sdräggeli
sich ausruhen hvile sig wile sai
Ausschlag udslæt, -tet udsläd
aussehen se ud som se ud som
außen udenfor udenfor
außer undtagen ontän
außerdem desuden des'uden
außerhalb udenfor udenfor
äußerlich udvortes udwordes
Aussicht udsigt, -en udsigd
aussteigen stå af sdo: a
Ausstellung udstilling, -en udsdilling
Ausverkauf udsalg, -et udsal
ausverkauft udsolgt udsold
Auswahl udvalg, -et udwal
auswechseln skifte ud sgifde ud
Ausweis legitimationskort, -et legitima'schonskord
sich ausziehen tage tøjet af ta toied a

Auto bil, -en bil
Autobahn motorvej, -en motorwai
automatisch automatisk auto'madisg

B

Baby baby, -en bäbi
Babypuder babypudder, -et bäbipudder
Bäckerei bageri, -et bärri
Bad bad, -et bad
Badeanzug badedragt, -en badedragd
Badehose badebukser *pl* badebugser
Badewanne badekar, -et badekar
Bahnhof station, -en sda'schon
bald snart snard
Ball bold, -en bold
Bank *(Geldinstitut)* bank, -en bank
Bar bar, -en bar
Bart skæg, -get sgäg
Batterie batteri, -et badde'ri
Bauch mave, -n mawe
bauen bygge bügge
Bauer, Bäuerin bonde, -n bonne
Bauernhof bondegård, -en bonnego:r
Baum træ, -et trä
Beanstandung reklamation, -en reklama'schon
Becher krus, -et krus
bedeuten betyde be'tyde
Bedeutung betydning, -en be'tydning
bedienen betjene be'tjene
Bedingung betingelse, -n be'tingelse
sich beeilen skynde sig sgünne sai
beenden afslutte ausludde
befestigen befæste be'fäsde
begegnen møde möde
begeistert begejstret be'gejsderd
Beginn begyndelse, -n be'gönnelse
begleiten ledsage ledsaje
begrüßen hilse på hilse po:
behalten beholde be'holle

behindertengerecht handicapvenlig handikabwenli
bei ved we
beide begge begge; alle ~ begge to begge to
beige beige besch
Bein ben, -et ben
beinahe næsten näsden
Beispiel eksempel, -et eg'sembel; zum ~ for eksempel for eg'sembel
beißen bide bide
bekannt kendt kend
bekommen få fo:
belästigen genere sche'ner
benachrichtigen underrette o:nnerradde
benutzen benytte be'nüdde
Benutzungsgebühr brugergebyr, -et brurge'bür
bequem komfortabel komfor'tabel
bereit parat pa'rad
Berg bjerg, -et bjer
Beruf stilling, -en sdilling
berühmt berømt be'römd
berühren berøre be'röre
beschäftigt beskæftiget be'sgäfdid
Beschreibung beskrivelse, -n be'sgriwelse
sich beschweren beklage sig over be'klaje sai ower
Besen kost, -en ko:sd
besetzt optaget o:b'taet
besichtigen besigtige be'segdie
Besichtigung besigtigelse, -en be'segdielse
Besitzer(in) ejer, -en ejer
besondere særlig särli
besonders især isär
besser bedre bedre
Bestätigung bekræftelse, -n be'kräfdelse
Besteck bestik, -ket be'sdik
bestellen bestille be'sdille
Bestellung bestilling, -en be'sdilling
bester bedste besde
besuchen besøge be'sö
beten bede be
Betrag beløb, -et be'löb
betrunken fuld ful

Bett seng, -en seng
Bettdecke dyne, -n düne
Bettlaken lagen, -et län
Bettwäsche sengetøj, -et sengetoi
bevorzugen foretrække for'trägge
bewegen bevæge be'wä; sich ~ bevæge sig be'wä sai
Beweis bevis, -et be'wis
bezahlen betale be'tale
Bibliothek bibliotek, -et biblio'teg
Bier øl, -len öl; alkoholfreies ~ alkoholfri øl, -len alkoho:lfri öl
Bikini bikini, -en be'kini
Bild billede, -t billed; *(Foto)* foto, -et fodo; *(Gemälde)* maleri, -et maleri
Bildhauer(in) billedhugger, -en billedho:gger
billig billig billi
binden binde binne
bis til te
Biss bid, -det bid
ein bisschen en smule en smule
bitte så er du sød so: er du söd; wie ~? undskyld? o:nsgyl?
bitten um bede om be om
blass bleg blai
Blatt blad, -et blad
bleiben blive bli
Bleistift blyant, -en blünd
Blick blik, -ket blig
blind blind blin
Blitz *(Gewitter)* lyn, -et lün
Blitzlicht blitz, -en blits
Blume blomst, -en blomsd
Blut blod blod
Boden gulv, -et go:l
Bordkarte boardingpas, -set bordingpas
böse vred wred
brauchen bruge bru
braun brun brun
breit bred bred
Breite bredde, -n bredde
brennen brænde branne
Brief brev, -et brew
Briefmarke frimærke, -t frimärge

Briefpapier **brevpapir, -et** brewpapir
Brieftasche **pung, -en** po:ng
Briefumschlag **kuvert, -en** ku'werd
Brille **briller** *pl* breller
bringen **bringe** brenge
Brot **brød, -et** bröd; belegtes ~ **smørrebrød, -et** smörbröd
Brötchen **rundstykke, -t** ro:nsdögge
Brücke **bro, -en** bro
Bruder **bror, -en** bror
Buch **bog, -en** bow
buchen **booke** buge
Buchhandlung **boghandel, -en** bowhannel
Buchung **booking, -en** bugning
bügeln **stryge** sdrüe
Bungalow **sommerhus, -et** sommerhus
bunt **kulørt** ku'lörd
Burg **borg, -en** borw
Büro **kontor, -et** kontor
Bürste **børste, -n** börsde
Bus **bus, -sen** bus
Busbahnhof **busterminal, -en** bustermi'nal

C

Café **cafe, -en** ka'fe
Camping **camping** kämbing
CD **cd, -en** cede; *(tragbarer)* CD-Spieler **cd-afspiller, -en** cd-ausbiller
Chef(in) **chef, -en** sjef
Computer **computer, -en** kom'pjuder
Corona-(Schnell-)Test **hurtigtest** 'horditest
Coronavirus **coronavirus** ko'ronawirus
COVID-19 **covid-19** 'kowid-nidden
COVID-19-Antigentest/ Schnelltest **covid-19 antigentest/hurtigtest** 'kowid-nidden 'antigentest/'horditest
COVID-19-Zertifikat **coronapas** ko'ronapaß

D

da da da
Dach tag, -et tä
dafür i stedet for i sded for
dagegen derimod derimod
Dame dame, -n dame
danach derefter derefder
Däne dansker, -en dansger
Dänin dansker, -en dansger
Dänemark Danmark danmarg
dänisch dansk dansg; auf Dänisch på dansk po: dansg
Dank tak, -ken tak
danke takke takke
dann så so:
dass at ad
dasselbe den/det samme den/de samme
Datum dato, -en dato
dauern vare ware
Decke dyne, -n düne
denken tænke tänge
denn for for
deshalb derfor derfor
deutlich tydelig tüdli
deutsch tysk tüsg; auf Deutsch på tysk po: tysg
Deutsche tysker, -en tüsger
Deutscher tysker, -en tüsger
Deutschland Tyskland tüsglan
Diabetes diabetes daibe'tes
Diät diæt, -en diät
dich dig dai
dicht tæt täd
Dichtung pakning, -en pagning
dick tyk tüg
Dieb(in) tyv, -en tüw
Dienstag tirsdag, -en tirsdä
direkt direkte direkde
doch dog dow
Dolmetscher(in) tolk, -en tolg
Donnerstag torsdag, -en torsdä
Doppelbett dobbeltseng, -en dobbelseng
doppelt dobbelt dobbel
Dorf landsby, -en lansbü
dort der der; ~ hinten der bagved der bäwe
Dose dåse, -n do:se

Dosenöffner dåseåbner, -en do:so:bner
Draht ståltråd, -en sdo:ltro:d
draußen udenfor udenfor
drehen dreje drie
dringend haster hasder
drinnen inde inne
drüben derovre derower
du du du
dumm dum dum
dunkel mørk mörg
dünn tynd tön
durch igennem igennem
durchschnittlich gennemsnitlig gennemsnidli
dürfen måtte mo:dde
Durst tørst, -en törsd
durstig sein være tørstig wär törsdi
Dusche brusebad, -et brusebad
duschen tage brusebad ta brusebad
DVD dvd, -en dwd

E

Ebbe lavvande, -t lauwanned
eben jævn jäwn; ~ erst lige nu li nu
echt ægte ägde
Ecke hjørne, -t jörne
Ehe ægteskab, -et ägdesgab
Ehefrau kone, -n kone
Ehemann mand, -en man
Ehepaar ægtepar, -ret ägdepar
Ei æg, -get äg
eigene egen/eget aien/aied
eigentlich egentlig enli
Eilbrief ekspresbrev, -et egs'presbrew
Eimer skraldespand, -en sgrallesban
ein(e) en/et en/ed
einfach enkel enkel
Eingang indgang, -en engang
einige nogle nole
einkaufen købe ind köbe en
Einkaufszentrum indkøbscenter, -et enköbssender

einladen invitere inwi'tere
Einladung invitation, -en inwita'schon
einmal en gang en gang; auf ~ på engang po: engang
einpacken pakke ind pagge in
einschalten tænde for tänne for
einsteigen stige på sdi po:
Eintritt adgang, -en adgang
Eintrittskarte billet, -ten bi'led
einverstanden sein være indforstået med wär in'forsto:ed mä
Einwohner(in) indbygger, -en inbygger
Einzelbett enkeltseng, -en enkelseng
einzeln enkelt engeld
einzig eneste ensde
Eis is, -en is
E-Ladesäule el-ladestander, -en el ladestanär
elektrisch elektrisk e'legtrisg
Elektroauto elektrisk bil, -en; elbil, -en elegtrisg bil; elbil
Eltern forældre *pl* foräldre
Empfang reception, -en reseb'schon
Empfänger(in) modtager, -en modtär
empfehlen anbefale anbefale
empfindlich følsom fölsom
Ende slutning, -en sludning
endlich endelig änli
eng smal smal
Entfernung afstand, -en ausdan
enthalten indeholde inneholle
entlang langs langs
entlassen lade gå lade go:
sich entscheiden bestemme sig for be'sdemme sai for
sich entschuldigen undskylde sig for o:nsgülle sai for
Entschuldigung! Undskyld! o:nsgyld!
enttäuscht skuffet sgo:ffed

entweder ... oder enten ... eller enden ... eller
entwerten stemple sdemble
Entzündung betændelse, -n be'tännelse
er han han
erbrechen kaste op kasde ob
Erbrechen opkastning, -en obkasdning
Erde jord, -en jor
Erdgeschoss stueetage, -n sdue'tasche
etwas erfahren få noget at vide fo: no:ed ad wide
Erfolg succes, -en süg'se
sich erholen hvile sig wile sai
erklären forklare for'klare
erlauben tillade te'lade
Erlaubnis tilladelse, -n te'ladelse
Ermäßigung rabat, -ten ra'bad
Ersatzteil reservedel, -en re'serwedel
erscheinen møde op möde ob
ersetzen erstatte er'sdadde
Erwachsene voksne *pl* wogsne
Erwachsene(r) voksen wogsen
erwarten vente på wende po:
erzählen fortælle for'tälle
Essen mad, -en mad
essen spise sbise; ~ gehen gå ud og spise go: ud ow sbise
Etage etage, -n e'tasche
etwa cirka sirg
etwas noget no:ed
euch jer jer
euer jeres jeres
Euro euro, -en ewro
E-Zigarette el-cigaret, -ten el siga'rad

F

Fabrik fabrik, -ken fabrig
Fähre færge, -n färwe
fahren køre köre
Fahrer(in) chauffør, -en scho'för
Fahrkarte billet, -ten bi'led

Fahrplan **køreplan, -en** köreplan
Fahrpreis **billetpris, -en** bi'ledpris
Fahrrad **cykel, -en** sügel
Fahrstuhl **elevator,-en** ele'wator
Fahrt **tur, -en** tur
fallen **falde** falle
falsch **forkert** forkerd
Familie **familie, -n** fa'milje
fangen **fange** fange
Farbe **farve, -n** farwe
fast **næsten** näsden
fegen **feje** fai
fehlen **mangle** mangle
Fehler **fejl, -en** fail
Feiertag **helligdag, -en** hellidä
Fenster **vindue, -t** windu
Ferien **ferie, -n** ferie
Fernseher **fjernsyn, -et** fjernsün
fertig **færdig** färdi
fest **fast** fasd
fett **fedt** fedt
feucht **fugtig** fo:gdi
Feuer **ild, -en** il
Feuerlöscher **ildslukker, -en** ilslo:gger
Feuerzeug **lighter, -en** laider
FFP2-Maske **FFP2 mundbind, -et** ef-ef-pe-to 'monben
Fieber **feber, -en** feber
Film **film, -en** film
finden **finde** finne
Finger **finger, -en** finger
Fisch **fisk, -en** fisg
fischen **fiske** fisge
flach **flad** flad
Flasche **flaske, -n** flasge
Flaschenöffner **flaskeåbner, -en** flasgeo:bner
Fleck **plet, -ten** pläd
Fleisch **kød, -et** köd
fliegen **flyve** flüwe
Flughafen **lufthavn, -en** lo:fdhaun
Flur **entré, -en** ang'tre
Fluss **flod, -en** flod
flüssig **flydende** flüdene
Flut **højvande, -t** hoiwanne
Föhn **hårtørrer, -en** ho:rtörrer
folgen **følge** följe
Form **form, -en** form

Formular **blanket, -ten** blang'ked
Foto **foto, -et** foto
Fotoapparat **fotoapparat, -et** fotoabba'rad
Fotografie **fotografi, -et** fodogra'fi
fotografieren **fotografere** fodogra'fere
Frage **spørgsmål, -et** sbörsmo:l
fragen **spørge** sbörre
Frau **kvinde, -n** kwinne
frei **gratis** gradis
Freitag **fredag, -en** fredä
fremd **fremmed** fremmed
Fremdenführer(in) **guide, -n** gaide
sich freuen **glæde sig til** gläde sai te
Freund **kæreste, -n** kärsde; *(allg.)* **ven, -nen** wenn
Freundin **kæreste, -n** kärsde; *(allg.)* **veninde, -n** wenninne
freundlich **venlig** wennli
frieren **fryse** früse
frisch **frisk** fresg; *(sauber)* **ren** ren
Friseur(in) **frisør, -en** fri'sör
Frisur **frisure, -n** fri'sür
früh **tidlig** tidli
Frühstück **morgenmad, -en** mornmad
frühstücken **spise morgenmad** sbise mornmad
Frühstücksbüfett **morgenmadsbuffet, -en** mornmadsbü'fe
fühlen **føle** föle; sich ~ **føle sig** föle sai
führen **føre** före
Führerschein **kørekort, -et** körekord
füllen **fylde** fülle
Fundbüro **hittegodskontor, -et** hiddego:skon'tor
funktionieren **virke** wirge
für **for** for
Fuß **fod, -en** fod
Fußball **fodbold, -en** fodbol
Fußgängerzone **gågade, -n** go:gde

G

Gabel gaffel, -gaflen gaffel
ganz hel hel
Garantie garanti, -en garan'ti
Garten have, -n hawe
Gas gas gas
Gast gæst, -en gäsd
Gastgeber vært, -en wärd
Gastgeberin værtinde, -n wärdinne
Gebäck kager *pl* kär
Gebäude bygning, -en bügning
geben give gi; es gibt derer der er
geboren født föd
gebraten stegt sdegd
Gebühr gebyr, -et ge'bür
Geburtstag fødselsdag, -en fösselsdä
geeignet egnet ained
Gefahr fare, -n fare
gefährlich farlig farli
gefallen behage be'haje; es gefällt mir det synes jeg godt om de süns jai gott om
gegen imod imod
Gegend område, -t omro:de
Gegenstand genstand, -en gensdan
Gegenteil modsætning, -en modsädning
gegenüber overfor owerfor
Gehalt løn, -nen lön
Geheimzahl pinkode, -n pinkod
gehen gå go:
gehören tilhøre telhöre
Geld penge *pl* penge
Geldautomat pengeautomat, -en pengeauto'mad
Gelegenheit lejlighed, -en lailihed
Gemälde maleri, -et maleri
gemeinsam fælles fälles
Gemüse grønsager *pl* grönsär
genau nøjagtig noiagdi
genießen nyde nüde
genug nok nog
geöffnet åben o:ben
Gepäck bagage, -n ba'gasche

gerade lige lie; ~ eben netop nedob
geradeaus lige ud li ud
Gerät apparat, -et abba'rad
Geräusch støj, -en sdoi
Gericht ret, -ten rad
gern gerne gerne; ~haben gerne have gerne hawe
Geruch lugt, -en logd
Geschäft *(Laden)* forretning, -en for'radning
geschäftlich forretningsmæssig for'radningsmässig
Geschäftsführer(in) direktør, -en direg'tör
Geschenk gave, -n gawe
Geschichte historie, -n hi'sdorie
geschieden skilt sgild
Geschirr porcelæn, -et porse'län
geschlossen lukket logged
Geschmack smag, -en smag
Geschwindigkeit hastighed, -en hasdihed
Geschwister søskende *pl* sösgne
Gesellschaft selskab, -et selsgab
Gesetz lov, -en low
Gesicht ansigt, -et ansigd
Gespräch samtale, -n samtale
gestern i går i go:r
gestohlen stjålet sdo:led
gesund sund og rask son o rasg
Getränk drik, -ken drig
getrennt separat sepa'rad
Gewicht vægt, -en wägd
gewinnen vinde winne
gießen hælde hälle
giftig giftig gifdi
Glas glas, -set glas
glatt glat glad
glauben tro tro
gleich lige lie
gleichzeitig samtidig samtidi
Glück lykke, -n lögge
glücklich lykkelig lögeli
Glühbirne pære, -n päre
glutenfrei glutenfri 'glutenfri
Gold guld, -et gul

Gottesdienst **gudstjeneste, -n** gudstjensde
Grab **grav, -en** grau
Grad **grader** *pl* grader
Gras **gras, -set** gras
gratis **gratis** gradis
gratulieren **ønske tillykke** önsge te'lögge
Grenze **grænse, -n** granse
Grippe **influenza, -en** inflo'ensa
groß **stor** sdor
Größe **størrelse, -n** sdörrelse
Großmutter *(mütterlicherseits)* **mormor, -en** mormor; *(väterlicherseits)* **farmor, -en** farmor
Großvater *(mütterlicherseits)* **morfar, -en** morfar; *(väterlicherseits)* **farfar, -en** farfar
Grund *(Ursache)* **årsag, -en** o:rsa
Gruppe **gruppe, -n** grobbe
gültig **gyldig** güldi
Gürtel **bælte, -t** bälde
gut **godt** gott

H

Haarspray **hårlak, -ken** ho:rlak
haben **have** ha
Hafen **havn, -en** haun
Haken **krog, -en** krou
halb **halv** hal
Hälfte **halvdel, -en** haldel
Hals **hals, -en** hals
Hals-Nasen-Ohren-Arzt, -Ärztin **øre-næse-hals-læge, -n** öre-näse-hals-lä
halten **holde** holle
Haltestelle **(bus)stoppested, -et** (bus)stobbesded
Hammer **hammer, -en** hammer
Hand **hånd, -en** ho:n
Handarbeit **håndarbejde, -t** honarbaide
Handbremse **håndbremse, -n** ho:nbremse
Händedesinfektionsgel **hånddesinfektionsmiddel, -midlet** ho:ndesinfek'schons-middel

Handgepäck håndbagage, -n ho:nba'gasche
Handtasche håndtaske, -n ho:ntasge
Handtuch håndklæde, -t ho:nkläde
Handy mobiltelefon, -en mo'biltele'fon
Handynummer mobilnummer, -et mo'bilnummer
hängen hænge hänge
hart hård ho:r
häufig ofte ofde
hauptsächlich hovedsaglig howed'sali
Hauptsaison højsæson, -en hoisä'song
Hauptstadt hovedstad, -en howedsdad
Haus hus, -et hus
Hausfrau hjemmegående husmor, -en jemmego:ene husmor
hausgemacht hjemmelavet jemmelawed
Hausmann husmand, -en husmänd
Haustier husdyr, -et husdür
heiraten gifte sig gifde sai
heiß varm warm
heißen hedde hedde; *(bedeuten)* betyde betüde
Heizung varme, -n warme
helfen hjælpe jälbe
hell lys lüs
Hemd skjorte, -n sgjorde
Herd komfur, -et kom'fur
herein! kom ind! kom en!
Herr hr. *(Brief)* herr
herstellen fremstille fremsdille
Herz hjerte, -t jerde
Herzanfall hjertetilfælde, -t jerdetelfälle
heute i dag i dä; ~ Morgen i morgen i morn; ~ Nachmittag i eftermiddag i efdermiddä; ~ Abend i aften i afden
hier her her
Himmel himmel, -himlen himmel
hinlegen lægge lägge; sich ~ lægge sig lägge sai

sich hinsetzen sætte sig sädde sai
hinten bagved bäwe
hinter bag bäwe
Hitze hede, -n hede
Hobby hobby, -en hobbi
hoch høj hoi
höchstens højest hoisd
hoffentlich forhåbentlig for'ho:bli
höflich høflig höfli
Höhe højde, -n hoide
holen hente hende
Holz træ, -et trä
homöopathisch homøopatisk homöo'padisg
hören høre hör
Hose bukser *pl* bugser
Hotel hotel, -let ho'tel
hübsch smuk smog
Hügel bakke, -n bagge
Hund hund, -en hun
Hunger sult, -en suld
hungrig sulten sulden; ~ sein væresulten wär sulden

I

ich jeg jai
Idee ide, -en i'de
ihn ham han
ihr hende henne
Illustrierte ugeblad, -et ueblad
immer altid altid
in i i
inbegriffen inklusive inklu'sive
Information information, -en informa'schon
Inhalt indhold, -et inhol
innen indvendig inwendi
Innenstadt city, -en/-et siti
innerhalb i løbet af i löbed a
Insekt insekt, -et insekd
Insektenstich insektstik, -et insektsdik
Insel ø, -en ö
insgesamt i alt i ald
intelligent intelligent intelli'gend
interessant interessant intre'sand
international international internascho'nal

inzwischen i mellemtiden i mellemtiden
Irrtum fejltagelse, -n failtajelse

J

ja ja ja
Jacke jakke, -n jagge
Jahr år, -et o:r; nächstes ~ næste år näsde o:r
Jahrhundert århundrede, -t o:r'hunred
Jeans jeans *pl* djins
jeder hver wer
jemand nogen no:en
jetzt nu nu
Job job, -bet djob
Jod jod, -en/-et jod
joggen løbe löbe
Jugendherberge vandrehjem, -met wandrejem
jung ung o:ng
Junge dreng, -en draing

K

Kaffee kaffe, -n kaffe
Kaffeemaschine kaffemaskine, -n kaffema'sgine
Kakao kakao, -en ka'kao
Kalender kalender, -en ka'lenner
kalt kold ko:l
Kanal kanal, -en ka'nal
Kanister dunk, -en dung
kaputt istykker isdögger
Karte kort, -et kord
Kartoffeln kartofler *pl* ka'tofler
Käse ost, -en o:sd
Kasse kasse, -n kasse
Katalog katalog, -et kata'lo
Katze kat, -ten kad
kaufen købe köb
Kaufhaus varehus, -et warhus
kaum næppe näbbe
kein(e) ingen ingen
Kellner kælder, -en käller
Kellnerin (kvindelig) tjener, -en (kwinneli) tjener
kennen kender kenner

kennenlernen lære at kende lär ad kenne
Kerze lys, -et lüs
Kette kæde, -n käde
Kind barn, -et barn
Kinderarzt, -ärztin børnelæge, -n börnelä
Kinderbett børneseng, -en börneseng
Kindersitz børnesæde, -t börnesäde
Kinderteller børneportion, -en börnepor'schon
Kinderwagen barnevogn, -en barnewown
Kino biograf, -en bio'graf
Kirche kirke, -n kirge
Kissen pude, -n pude
klar klart klard
Klebeband tape, -n täb
Klebstoff lim, -en lim
Kleid kjole, -n kjole
klein lille lille
Kleingeld småpenge *pl* smo:penge
klettern klatre kladre
Klima klima, -et klima
Klimaanlage klimaanlæg, -get klimaanläg
Klingel ringeklokke, -n ringeklogge
klingeln ringe på ringe po:
klopfen banke på bange po:
klug klog klow
Kneipe pub, -ben pap
Knopf knap, -pen knab
kochen lave mad law mad
Koffer kuffert, -en ko:fferd
kommen komme komme
Kondome kondomer *pl* kon'domer
König konge, -n konge
Königin dronning, -en dronning
können kunne ku
kontaktlos (Bezahlen) kontaktløs (betaling) kon'tagtlös (be'taling)
Kopf hoved, -et howed
Kopie kopi, -en ko'pi
Korb kurv, -en kurw
Korkenzieher proptrækker, -en probträgger
Körper krop, -pen krob
kosten koster kosder

kostenlos gratis gradis
Krach larm, -en larm
kräftig kraftig krafdi
krank syg sü; ~ werden blive syg bli sü
Krankheit sygdom, -men südom
Kreditkarte kreditkort, -et kre'didkord
Kreis kreds, -en kres
Kreuzung kryds, -et krüs
Küche køkken, -et köggen
Kuchen kage, -n kä
Kugelschreiber kuglepen, -en kulepen
kühl kølig köli
Kühlschrank køleskab, -et kölesgab
Kunde kunde, -n konne
Kunst kunst, -en konsd
Künstler(in) kunstner, -en konsdner
Kurve vejsving, -et waiswing
kurz kort kord
Kuss kys, -set kös
küssen kysse kösse
Küste kyst, -en küsd

L

lächeln smile smile
lachen grine grine
Ladekabel opladningskabel, -et ob'ladningskabel
Land land, -et lan
landen lande lanne
Landschaft landskab, -et lansgab
Landstraße landevej, -en lannewai
lang lang lang
Länge længde, -n längde
langsam langsom langsom
langweilig kedelig kedli
Lärm larm, -en larm
lassen lade lad
laufen løbe löbe
laut støjende sdöjene
Lawine lavine, -n la'wine
leben leve lewe
Lebensmittelgeschäft fødevareforretning, -en födewarfor'radning
Leder læder, -et läder
ledig ledig ledi
leer tom tom
legen lægge lägge

Lehrer lærer, -en lærer
Lehrerin (kvindelig) lærer, -en (kwinneli) lär
leicht nem näm
leider desværre des'wär
leihen låne lo:ne
Leihgebühr lejegebyr, -et laiege'bür
leise stille sdille
lernen lære lär
lesen læse läse
letzter sidste sisde
Leute folk, -et folg
Licht lys, -et lüs
lieben elske elsge
ich würde lieber jeg ville hellere jai wille hellere
Lied sang, -en sang
liegen ligge ligge
Lift elevator, -en ele'wator
Limonade sodavand, -en sodawan
links venstre wensdre; nach ~ til venstre te wensdre
Liste liste, -n lisde
Lizenz licens, -en li'sens
Loch hul, -let hol
locker løs lös; *(entspannt)* afslappet auslabbed
Löffel ske, -en sge
Lösung løsning, -en lösning
Luft luft, -en lo:fd
Luftmatratze luftmadras, -sen lo:fdma'dras
Lüge løgn, -en loin
lügen lyve lüwe
lustig sjov sjow

M

machen lave lawe; das macht nichts det gør ikke noget de gör igge no:ed
Mädchen pige, -n pie
Magen mave, -n mawe
mager mager mär
Maler(in) maler, -en maler
Malerei maleri, -et maleri
malerisch malerisk malerisg
man man man
manchmal en gang imellem en gang imellem
Mann mand, -en man
männlich mandlig man'li
Markt marked, -et marged

Maschine maskine, -n ma'sgine
Maske, medizinische mundbind, -et 'monben
Maskenpflicht krav om mundbind kraw om monben
Maß mål, -et mo:l
Massage massage, -n masa'sche
Material materiale, -t ma'triale
Matratze madras, -sen ma'dras
Mauer mur, -en mur
Meer hav, -et hau
Mehrwertsteuer moms, -en moms
meinen mene mene
Meinung mening, -en mening; meiner ~ nach efter min mening efder min mening
meist mest mesd
melden melde melle; sich ~ *(Telefon)* svare swa
Mensch menneske, -t mensge
Menü menu, -en me'nü
merken opdage obdä; sich ~ huske på noget husge po: no:ed
Messer kniv, -en kniw
Metall metal, -let me'tal
Meter meter, -en meder
mich mig mai
Miete leje, -n laie
mieten leje laie
Milch mælk, -en mälg
minderjährig mindreårig mindreo:ri
mindestens mindst mensd
Mineralwasser mineralvand, -et mineralwan
Ministerium ministeriet mini'sderied
minus minus minus
Minute minut, -tet mi'nud
mischen blande blane
Misstrauen mistro, -en mistro
Missverständnis misforståelse, -n mis'forsdo:else
mit med me
mitbringen tage med ta me

Mitglied **medlem, -met** me'lem
mitnehmen **tage med** ta me
Mittag **middag, -en** meda
Mittagessen **frokost, -en** fro:kosd
mittags **midt på dagen** mid po: dän
Mitte **midt for** mid for
Mittel **middel, -dlet** middel
Mittwoch **onsdag, -en** o:nsdä
Möbel **møbel, -blet** möbel
Mobiltelefon **mobiltelefon, -en** mo'biltele'fon
Mode **mode, -n** mode
modern **moderne** moderne
mögen **kunne lide** ku li
möglich **mulig** muli
Möglichkeit **mulighed, -en** mulihed
Moment **øjeblik, -ket** oiblig
Monat **måned, -en** mo:ned; vor einem ~ **for en måned siden** for en mo:ned siden
Mond **måne, -n** mo:ne
Montag **mandag, -en** mandä
morgen **imorgen** imorn
Morgen **morgen, -en** morn
morgens **om morgenen** om morn
Mücke **myg, -gen** müg
Mückenschutz **myggebalsam, -men** müggebalsam
müde **træt** trad
Mühe *(Anstrengung)* **besvær, -et** be'swär; mit ~ und Not **med nød og næppe** me nöd ow näbbe; sich ~ geben **gøre sig umage** göre sai umä
Müll **affald, -et** aufal
Mülleimer **skraldespand, -en** sgrallesban
Münze **mønt, -en** mönd
Muschel **musling, -en** musling
Museum **museum, -seet** mu'seum
Musik **musik, -ken** mu'sik
müssen **skulle** sgulle
Muster **eksemplar, -et** eg'semplar
Mutter **mor, -en** mor

Muttersprache modersmål, -et modersmo:l
Mütze hue, -n hue

N

nach til te; *(zeitlich)* efter efder
Nachbar nabo, -en nabo
Nachbarin nabo, -en nabo
nachdenken tænke over tänge ower
nachfüllen fylde på fylle po:
nachher bagefter bäefder
Nachmittag eftermiddag, -en efdermidä; heute ~ ieftermiddag i efdermidä
nachmittags om eftermiddagen om efdermidän
Nachricht besked, -en bes'ged
Nachrichten nyheder *pl* nüheder
Nachsaison eftersæson, -en efdersä'song
nachsehen se efter se efder
nächster næste näsde
nächstes Mal næste gang näsde gang
Nacht nat, -ten nad
nachts om natten om nadden
Nacken nakke, -n nagge
nackt nøgen noin
Nadel nål, -en no:l
Nagel søm, -met söm; *(Körperteil)* negel, -neglen nail
nah nær när
nahe bei i nærheden af i närheden a
Name navn, -et naun
Nase næse, -n näse
nass våd wo:d
national national nascho'nal
Nationalität nationalitet, -en nascho'nalited
Nationalpark nationalpark, -en naschon'alpark
Natur natur, -en natur
natürlich selvfølgelig säföli
Naturschutzgebiet naturreservat, -et naturresa'wad
Nebel tåge, -n to:we

neben **ved siden af** we siden a
negativ **negativ** negatiw
nehmen **tage** ta
nein **nej** nai
nennen **nævne** näwne
Nerv **nerve, -n** nerwe
nervös **nervøs** ner'wös
nett **sød** söd
Netz **net, -tet** näd
neu **ny** nü
neugierig **nysgerrig** nüsgerri
neulich **forleden** for'leden
neutral **neutral** noi'tral
nicht **ikke** igge
nichts **ingenting** ingenting
nie **aldrig** aldri
niedrig **lav** law
niemand **ingen** ingen
nirgends **ingen steder** ingen sdeder
noch **endnu** enu; ~ nicht **ikke endnu** igge enu
Norden **norden** norn
normal **normal** normal
Notausgang **nødudgang, -en** nödudgang
nötig **nødvendig** nöd'wendi
Notiz **notat, -et** no'tad
Nudeln **nudler** *pl* nudler
Nummer **nummer, -et** nummer
nur **kun** kon
nützlich **nyttelig** nöddeli

O

ob **om** om
oben **ovenpå** owenpo:
Objektiv **objektiv, -et** objek'tiw
Obst **frugt, -en** fro:gd
obwohl **selv om** sel om
oder **eller** eller
offen **åben** o:ben
öffentlich **offentlig** offenli
öffnen **åbne** o:bne
Öffnungszeiten **åbningstider** *pl* o:bningstider
oft **tit** tid
ohne **uden** uden
Ohr **øre, -t** ör
ökologisch **økologisk** ökolo'gisg
Öl **olie, -n** olje

Onkel onkel, -onklen onkel
Oper opera, -en obera
Orange appelsin, -en abbel'sin
Orangensaft appelsinjuice, -n abbelsindjuse
Ordnung orden, -en orden
Ort sted, -et sded
Ortszeit lokal tid, -en lokal tid
Osten østen ösden
Österreich Østrig ösdri
oval oval owal
Ozon ozon, -en/-et o'son

P

Paar par, -ret par
Päckchen lille pakke, -n lille pagge
Packung pakke, -n pagge
Papier papir, -et pa'pir
Pappe pap, -pet pab
Park park, -en park
parken parkere par'ker
Parkplatz parkeringsplads, -en par'keringsplas
Pass pas, -set pas
passen passe passe
Pause pause, -n pause
PCR-Test PCR-test pe-tse-är-test
pensioniert pensioneret pang'schonered
Person person, -en person
Personalausweis legitimationskort, -et legitima'schonskord, identitetskort, et identi'tedskord
persönlich personlig personli
Pfanne pande, -n panne
Pfeffer peber, -et pewer
Pfeil pil, -en pil
Pferd hest, -en hesd
Pflaster plaster, -et plasder
pflegen pleje pleje
Pflicht pligt, -en pligd
Pfund femhundrede gram femhunred gram
Pilot(in) pilot, -en pi'lod
pink pink pink
Pinzette pincet, -ten pin'sed
Plakat plakat, -en pla'kad
Plan plan, -en plan

Platz plads, -en plas
pleite fallit fa'lid
plötzlich pludselig plusli
plus plus plus
Politik politik, -ken poli'tig
Polizei politi, -et poli'ti
Polizist(in) politibetjent, -en poli'tibe'tjend
positiv positiv positiw
Poster plakat, -en pla'kad
Postkarte postkort, -et postkord
Postleitzahl postnummer, -et posdnummer
praktischer Arzt, praktische Ärztin praktiserende læge, -n pragti'serne lä
Preis pris, -en pris
Preisermäßigung rabat, -ten ra'bad
preisgünstig fordelagtig forde'lagdi
preiswert billig billi
Premiere premiere, -n premi'jer
Presse presse, -n presse
privat privat pri'wad
pro per per; *(dafür)* for for
Probe prøve, -n pröwe
probieren prøve pröwe
Problem problem, -et problem
Produkt produkt, -et pro'dukd
Programm program, -met program
Prospekt brochure, -n bro'schür
Proviant madpakke, -n madpagge
prüfen undersøge o:nnersö
Publikum publikum, -met publikum
Pulver pulver, -et po:lwer
Punkt punkt, -et pongd
pünktlich præsis til tiden präsis te tiden
putzen gøre rent göre rend
Putzmittel rengøringsmiddel, -midlet rengöringsmiddel

Q

quadratisch kvadratisk kwa'dradisg

Qualität **kvalitet, -en** kwali'ted
Quelle **kilde, -n** kille
quer **på tværs** po: twärs
Quittung **kvittering, -en** kwi'tering

R

Rabatt **rabat, -ten** ra'bad
Rad **hjul, -et** jul; ~ fahren **køre på cykel** kör po: sügel
Radiergummi **viskelæder, -et** wisgeläder
Radio **radio, -en** radio
Radweg **cykelsti, -en** sügelsdi
Rand **kant, -en** kand
rasch **hurtig** hurdi
Rasen **græsplæne, -n** graspläne
Rassismus **racisme, -n** ra'sisme
rasten **hvile** hvile
Rat **råd, -et** ro:d
raten **råde** ro:de
Rätsel **gåde, -n** go:de
rau **ru** ru
Rauch **røg, -en** roi
rauchen **ryge** rüe
Raucher(in) **ryger, -en** rüer
Raucherabteil **rygerkupé, -en** rüerku'pe
Raum **rum, -met** rum
Rauschgift **narkotika** *pl* na'kotika
rechnen **regne** raine; ~ mit **regne med** raine me
Rechnung **regning, -en** raining
Recht **ret, -ten** rad; recht haben **have ret** ha rad
rechteckig **retvinklet** radwingled
rechts **højre** hoier; nach ~ **til højre** te hoier
rechtzeitig **rettidig** radtidi
reden **tale** tale
Regal **reol, -en** reol
regelmäßig **regelmæssig** rejelmässig
Regenjacke **regnjakke, -n** rainjagge
Regenmantel **regnfrakke, -n** rainfragge

Regierung regering, -en raining
Region region, -en re'gion
reiben rive riwe
reichen *(anreichen)* række rägge
Reifen dæk, -ket däg
Reihe række, -n raigge
Reihenfolge rækkefølge, -n raiggefölje
Reihenhaus rækkehus, -et räggehus
reinigen gøre ren gör ren
Reinigung renseri, -et ranseri
Reinigungsmittel rengøringsmiddel, -midlet rengöringsmiddel
Reis ris *pl* ris
Reise rejse, -n raise
Reiseführer(in) rejsefører, -en raiseför
Reisepass pas, -set pas
Reisescheck rejsecheck, -en raiseschek
Reisetasche rejsetaske, -n raisetasge
Reiseveranstalter(in) rejsebureau, -et raisebü'ro
Reißverschluss lynlås, -en lünlo:s
reiten ride ridd
Reklamation reklamation, -en rekla'maschon
reklamieren reklamere rekla'mer
Rente rente, -n rande
Reparatur reparatur, -en rebra'tur
reparieren reparere repra'er
reservieren reservere resa'wer
reserviert reserveret reser'wered
Rest rest, -en rasd
Restaurant restaurant, -en resdau'rang
retten redde redde
Rettungsring redningskrans, -en redningskrans
Rezept recept, -en re'sebt
Rezeption reception, -en reseb'schon
richtig rigtig rigdi
Richtung retning, -en redning

riechen lugte lo:gde; es riecht nach det dufter af de dufder a
Risiko risiko, -en risiko
riskant risikabel risi'kabel
roh rå ro:
rollen rulle rulle
Rolltreppe rulletrappe, -n rulletrabbe
Roman roman, -en roman
rosa lyserød lüsröd
Rotwein rødvin, -en rödwin
Route rute, -n rude
Rücken ryg, -gen rög
rückerstatten refundere refon'dere
Rückflug hjemrejse, -n jemraise
Rucksack rygsæk, -ken rögsäg
rückwärts baglæns bauläns
rufen råbe ro:be
ruhig rolig roli
Ruine ruin, -en ruin
rund cirka sirk
Rundfahrt rundtur, -en runtur
rutschen rutsche rotsche

S

Saal sal, -en sal
Sache sag, -en sa
Sackgasse blind vej, -en blin wai
Safe boks, -en boks
Saft juice, -n djuse
sagen sige si
Sahne fløde, -n flöde
Saison sæson, -en sa'song
Salat salat, -en salad
Salbe salve, -n salwe
Salz salt, -et sald
sammeln samle samle
Sammlung samling, -en samling
Samstag lørdag, -en lördä
Sand sand, -et san
satt mæt mäd; ~ sein være mæt wär mäd
Sattel saddel, -dlen sadel
Satz sætning, -en sädning
sauber ren ren
sauer sur sur
Säugling baby, -en bäbi
Sauna sauna, -en sauna
Schachtel æske, -n äsge
Schaden skade, -n sgade

Schadenersatz skadeserstatning, -en sgadeser'sdadning
schädlich skadelig sgadeli
Schadstoff giftigt stof, -fet gifdid sdof
Schaffner(in) konduktør, -en kondug'tör
Schalter *(elektrisch)* stikkontakt, -en sdig-kontagd; *(Post, Bank usw.)* skranke, -n sgrange
scharf stærk sdärg
Schatten skygge, -n sgügge
schauen kigge kigge
Schaufel skovl,- en sgowl
Schaufenster vindue, -t windue
Schaum skum, -met sgom
Scheck check, -en schek
Scheckkarte betalingskort, -et be'talingskord
Scheibe *(Wurst)* skive, -n sgiwe
scheinen skinne sginne; es scheint, dass det ser ud til at de ser ud te ad
schenken forære foräre
Schere saks, -en sags
Scherz vittighed, -en widdihed
scheußlich afskyelig ausgüli
schicken sende senne
Schicksal skæbne, -n sgäbne
schieben skubbe sgobbe
schief skæv sgäw
Schiff skib, -et sgib
Schild skilt, -et sgild
schimmelig muggen moggen
schimpfen skælde ud sgälle ud
Schinken skinke, -n sginke
Schirm paraply, -en para'plü
Schlaf søvn, -en söwn
schlafen sove sowe
Schlafsack sovepose, -n sowepose
Schlag slag, -et sla
schlank slank slang
schlecht dårlig do:rli; mir ist ~ jeg er dårlig jai er do:rli
schließen lukke lo:gge
schlimm slem slem

Schloss lås, -en lo:s; *(Gebäude)* slot, -tet slod
Schlucht kløft, -en klöfd
Schluck tår, -en to:r
Schluss slutning, -en sludning
Schlüssel nøgle, -n noile
schmal smal smal
schmecken smage smä; es schmeckt det smager godt de smajer gott
Schmerz smerte, -n smerde
schmerzen smerte smerde
Schmuck smykke, -t smögge
schmutzig snavset snaused
schnarchen snorke snorge
Schnee sne, -en sne
schneiden skære sgär
schnell hurtig hurdi
Schnupfen forkølelse, -n for'kölelse
Schnur snor, -en snor
Schock chok, -ket schok
Schokolade chokolade, -n schogo'lade
schräg skrå sgro:
Schrank skab, -et sgab
Schreck forskrækelse, -n for:sgrägelse
schreiben skrive sgriwe
Schreibtisch skrivebord, -et sgriwebor
schreien skrige sgrie
Schrift skrift, -en sgrefd
Schritt skridt, -et sgrid
Schublade skuffe, -n sgoffe
Schuh sko, -en sgo
Schuhcreme skocreme, -n sgokrem
Schuld skyld, -en sgül
Schule skole, -n sgole
Schüler elev, -en elew
Schülerin elev, -en elew
Schulferien skoleferie, -n sgoleferje
Schüssel skål, -en sgo:l
Schutz beskyttelse, -n be'sgöddelse
Schutzbrief forsikringsbevis, -et for'sigringsbe'wis
schützen beskytte be'sgödde
schwach svag swä
schwanger gravid gravid

Schwangerschaft graviditet, -en grawidi'tet
schweigen tie stille tie sdille
Schweiz Schweiz swais
Schwellung hævelse, -n häwelse
schwer tung tong
Schwester søster, -en sösder
schwierig svær swär
Schwierigkeit besvær, -et be'swär
Schwimmbad svømmehal, -len swömmehal
schwimmen svømme swömme
Schwimmflügel svømmevinger *pl* swömmewinger
schwitzen svede swede
schwül lummert lummerd
See *(Binnengewässer)* sø, en sö
segeln sejle saile
sehen se se
Sehenswürdigkeit seværdighed, -en se'wärdihed
Sehne sene, -n sene
sehr meget maied
Seide silke, -n silge
Seife sæbe, -n säbe
Seil tov, -et tow
sein være wär
seit siden siden
Seite side, -n side
seitlich ved siden af we siden a
Sekunde sekund, -et seko:nd
selbst selv sel
Selbstbedienung selvbetjening, -en selwbe'tjening
selbstständig selvstændig selsdändi
selten sjælden själlen
senden sende senne
Sender radiostation, -en radiosda'schon
Serviette serviet, -ten serwi'jet
Sessel lænestol, -en länesdol
setzen sætte sädde; sich ~ sætte sig sädde sai
Sex sex, -en seks
sexuell seksuel seksuel

Shampoo **shampoo, -en** scham'pu
sich **sig** sai
sicher **sikker** sigger
Sicherheit **sikkerhed, -en** siggerhed
Sicherheitsgurt **sikkerhedssele, -n** siggerhedssele
Sicherheitsnadel **sikkerhedsnål, -en** siggerhedsno:l
sicherlich **sikkert** siggerd
Sicherung **sikring, -en** sigring
Sicht **sigt, -en** sigd; auf lange ~ **på langt sigt** po: langd sigd
sie **hun** hun
Sieg **sejr, -en** sair
Signal **signal, -et** si'nal
Silvester **nytårsaften, -en** nüdo:rs'faden
singen **synge** sönge
sinnlos **meningsløs** meningslös
sinnvoll **fornuftig** for'nofdi
Sitte **skik, -ken** sgig
Sitz **sæde, -t** säde; *(Platz)* **siddeplads, -en** siddeplas
sitzen **sidde** sidde
Sitzung **møde, -et** möde
Slip **trusser** *pl* trusser
so **så** so:
Socken **sokker** *pl* sogger
sofort **straks** sdrags
sogar **sågar** so:gar
Sohn **søn, -nen** sön
Solarium **solarium, -riet** sola'rium
sollen **skulle** sgulle, **burde** burde, **måtte** mo:dde
Sommer **sommer, -en** sommer
Sonderangebot **tilbud,- det** telbud
sondern **men** men; ~ auch **men også** men osse
Sonne **sol, -en** sol
Sonnenaufgang **solopgang, -en** solobgang
Sonnenbrand **solskoldning, -en** solsgolning
Sonnenbrille **solbriller** *pl* solbriller

Sonnencreme solcreme, -n solkrem
Sonnenuntergang solnedgang, -en solnedgang
sonnig solrig solrig
Sonntag søndag, -en söndä
Sorge bekymring, -en be'kömring; sich Sorgen machen være bekymret wär be'kömred
Sorte slags, -en slags
sparen spare sbar
Spaß spøg, -en sbö; ~ haben lave sjov med en lawe sjow me en
spät sent sent
später senere sener
spätestens senest senesd
spazieren gehen gå tur go: tur
Spaziergang gåtur, -en go:tur
Speicherkarte chip, -pen tjib
Speisesaal spisesal, -en sbisesal
Spezialität specialitet, -en sbeschali'tet
Spiegel spejl, -et sbail
Spiel spil, -let sbil
spielen spille sbille
Spielplatz legeplads, -en lieplas
Spielzeug legetøj, -et laietoi
Spinne edderkop, -pen ädderkob
Splitter splint, -en splend
Sport sport, -en sport
Sprache sprog, -et sbrow
sprechen tale tale
spucken kaste op kasde ob
Spucktüte brækpose, -n braikpose
spülen vaske op wasge ob
spüren mærke märge
Staatsangehörigkeit statsborgerskab, -et sdadsborger'sgab
stabil stabil sdabil
Stadion stadion,- et stadion
Stadt by, -en bü
Stadtmitte bymidte, -n bümidde
Stadtteil bydel, -en büdel
Stadtzentrum centrum, -met sentrum

ständig hele tiden hele tiden
Stange stang, -en sdang
Stapel stak, -ken sdag
stark stærk sdärg
statt i stedet for i sded for
stattfinden finde sted finne sded
Stau kø, -en kö
Staub støv, -et sdöu
Steak bøf, -fen böf
Steckdose stikkontakt, -en sdigkontakt
Stecker stik, -ket sdig
stehen stå sdo:
stehlen stjæle sdjäle
steigen stige sdige
steil stejl sdail
Stein sten, -en sden
Stelle sted, -et sded
stellen stille sdille
Stempel stempel, -et sdembel
sterben dø dö
Stern stjerne, -n sdjerne
Steward steward, -en sdjuard
Stewardess stewardesse, -n sdjuar'des
Stich stik, -ket sdig
Stiefel støvle, -n sdöwle
Stiel skaft, -et sgafd
Stift blyant, -en blüand
Stil stil, -en sdil; *(Kunst)* stilart, -en sdilard
still stille sdille
Stimme stemme, -n sdemme
Stimmung stemning, -en sdemning
Stirn pande, -n panne
Stockwerk etage, -n e'tasche
Stoff stof, -fet sdof
stolpern snuble snuble
Stöpsel prop, -pen prob
stören forstyrre for'sdüre
stornieren annullere an'ulere
Strafe straf, -fen sdraf
Strand strand, -en sdran
Straße vej, -en wai
Straßenbahn sporvogn, -en sborwown
Straßenkarte vejkort, -et waikord
Streichhölzer tændstikker *pl* tänsdigger
Streik strejke, -n sdraike

streiten skændes sgännes
streng streng sdreng
stricken strikke sdrigge
Strom strøm, -men sdröm
Stück stykke, -t sdögge
Student student, -en sdudend
Studentin sdudent, -en studend
Studierendennausweis studiekort, -et sdudjekord
studieren studere studer
Stuhl stol, -en sdol
Stunde time, -n time; halbe ~ halv time, -n haltime
stündlich hver time wer time
Sturm storm, -en sdorm
Sturmwarnung stormvarsel, -varslen sdormwarsel
Sturz styrt, -et sdürd
stürzen styrte sdürde
suchen lede lede; ~ nach lede efter lede efder
Süden syden südn
Summe sum, -men so:m
Supermarkt supermarked, -et subermarged
Suppe suppe, -n so:bbe
süß sød söd
Süßstoff sødemiddel, -midlet södemiddel
Swimmingpool swimming pool, -en swimming pul
sympathisch sympatisk süm'padisg
Synthetik syntetisk materiale, -t sün'tedisg matri'ale

T

T-Shirt t-shirt, -en t'schöd
Tabakwaren tobaksvarer *pl* to'bagswar
Tacho speedometer, -et sbido'meder
Tag dag, -en dä; Guten ~! Goddag! go'dä!
täglich daglig dauli
Tal dal, -en dal
Tampons tamponer *pl* tam'ponger
Tankstelle tankstation, -en tangsta'schon

Tante *(mütterlicherseits)* **moster, -en** mosder; *(väterlicherseits)* **faster, en** fasder
Tanz **dans, -en** dans
tanzen **danse** danse
Tasche **taske, -n** tasge
Taschenlampe **lommelygte, -n** lommelögde
Taschenmesser **lommekniv, -en** lommekniw
Tasse **krus, -et** krus
Tastatur **tastatur, -et** tasda'tur
Taste **taste, -n** tasde
tasten **føle** föle
Tatsache **kendsgerning, -en** känsgerning
taub **døv** döw
tauchen **dykke** dögge
Taufe **dåb, -en** do:b
tauschen **bytte** büdde
sich täuschen **tage fejl** ta fejl
Taxistand **taxiholdeplads, -en** taksi'holleplas, **taxaholdeplads, -en** taksa'holleplas
Technik **teknik, -ken** teknig
Tee **te, -en** te
Teelöffel **teske, -en** tesge
Teich **sø, -en** sö
Teil **del, -en** del
Telefon **telefon, -en** tele'fon
Telefonbuch **telefonbog, -en** tele'fonbow
telefonieren **telefonere** tele'foner
Telefonnummer **telefonnummer, -et** tele'fonnummer
Telefonzelle **telefonboks, -en** tele'fonboks
Teller **tallerken, -en** ta'lergen
Temperatur **temperatur, -en** tempera'tur
Tennis **tennis, -en** tennis
Termin **aftale, -n** autale
Terrasse **terrasse, -n** ter'rasse
Testzentrum **testcenter** 'testßentär
teuer **dyr** dür
Theater **teater, -et** te'ader
Thema **tema, -et** tema

Thermosflasche termoflaske, -n termoflasge
Ticket billet, -ten bi'led
Tief lavtryk, -ket lautrög
Tier dyr, -et dür
Tisch bord, -et bor
Tochter datter, -en dadder
Tod død, -en döden
tödlich dødelig dödli;
~ verunglückt omkommet ved en ulykke omkommed we en ulögge
Toilette toilet, -tet toi'led
Toilettenpapier toiletpapir, -et toi'ledpapir
toll fantastisk fantasdisg
Tomate tomat, -en to'mad
Ton lyd, -en lüd; *(Lehm)* ler, -et ler
Topf gryde, -n grüde
Tor mål, -et mo:l
tot død död
Tour tur, -en tur
Tourist turist, -en tu'risd
Touristikinformation turistinformation, -en tu'risdinforma'schon
Tradition tradition, -en tradi'schon
tragen bære bär
Tragetasche pose, -n pose
trampen rejse på tommelfingeren raise po: tommelfingern
transportieren transportere tans'portere
Traum drøm, -men dröm
träumen drømme drömme
traurig ked af det ked a de
Treffen møde, -t möde
sich treffen mødes mödes
trennen skille sgille
Treppe trappe, -n trabbe
treten træde träde
trinken drikke drigge
Trinkgeld drikkepenge *pl* driggepenge
Trinkwasser drikkevand, -et driggewan
trocken tør tör
trocknen tørre tör
Tropfen dråber *pl* dro:ber
trotz trods tros
trotzdem alligevel alliwel
Tschüs! Hej! hia!

Tube tube, -n tube
tun gøre gör
Tür dør, -en dör
Turm tårn, -et to:rn
Turnschuhe gummisko *pl* gummisgo
Tüte pose, -n pose
typisch typisk tübisg

U

übel dårlig do:rli
Übelkeit kvalme, -n kwalme
über over ower
überall overalt owerald
überbacken gratineret gra'tinered
überflüssig overflødig owerflödi
übergeben kaste op kasde ob
Übergepäck overvægt, -en owerwägd
überlegen overveje owerwaie
übermorgen i overmorgen i owermorn
übernachten overnatte owernadde
Übernachtung overnatning, -en owernadning
übernehmen overtage owerta
überqueren gå over go: ower
überraschen overraske owerrasge
Überraschung overraskelse, -n owerrasgelse
überreden overtale owertale
Überschrift overskrift, -en owersgrefd
übersetzen oversætte owersädde
Übersetzung oversættelse, -n owersäddelse
übertreiben overdrive owerdriwe
Überweisung overførsel, -slen owerförsel
überzeugen overbevise owerbe'wise
üblich sædvanlig säwanli
übrig øvrig öwri
übrigens i øvrigt i öwrid

Übung øvelse, -n öwelse
Ufer bred, -den bred
Uhr ur, -et ur; Wie viel ~ ist es? Hvad er klokken? wä er kloggen?
um omkring omkring; *(Uhrzeit)* klokken kloggen; ~ diese Zeit pådette tidspunkt po: dedde tidspungd
Umgebung omgivelse, -n omgiwelse
umgekehrt omvendt omwend
umsteigen skifte sgifde
umtauschen bytte büdde
Umweg omvej, -en omwai
umweltfreundlich miljøvenlig miljöwenli
Umweltschutz miljøbeskyttelse, -n miljöbe'sgöddelse
Umweltverschmutzung forurenelse, -n foru'renelse
umziehen flytte flödde; sich ~ klæde sig om klä sai om
unangenehm ubehagelig ube'hali
unbekannt ukendt ukend
unbequem ubehagelig ubehali
und og ow; ~ so weiter og så videre ow so: widere
Unfall ulykke, -n ulögge
unfreundlich uvenlig uwenli
ungefähr cirka sirka
ungemütlich ikke hyggelig igge hüggeli
ungewöhnlich usædvanlig usädwanli
Unglück uheld, -et uhäl
ungültig ugyldig ugüldi
unhöflich uhøflig uhöfli
Universität universitet, -et uniwersi'tet
unmittelbar umiddelbart umiddelbard
unmöglich umulig umuli
unnötig unødig unödi
uns os os
unschuldig uskyldig u'sgüldi
unsicher usikker usigger
unter under o:nner

unterbrechen afbryde aubrüde
unterbrochen afbrydelse aubrüdelse
sich unterhalten snakke sammen snagge sammen
Unterhaltung samtale, -n samtale
Unterkunft tag over hovedet ta ower howed
Unterschied forskel, -len forsgel
unterschreiben underskrive o:nnersgriwe
Unterschrift underskrift, -en o:nnersgrefd
unterwegs undervejs o:nnerwais
unvollständig ufuldstændig ufulsdändi
unwahr ikke sandt igge sand
Unwetter uvejr, -et uwer
Urlaub ferie, -n ferje; ~ machen være på ferie wär po: ferje
Ursache årsag, -en o:rsa
USB-Stick USB-stik, -ket usb'sdik

V

Vater far, -en fra
vegan vegansk ve'gansk
Veganer(in) veganer, -en ve'ga:när
vegetarisch vegetarisk wege'tarisg
Ventilator ventilator, -en wentila'tor
sich verabreden træffe aftale om at mødes träffe autale om ad mödes
Verabredung aftale, -n autale
sich verabschieden von sige farvel til si farwel te
Veranstaltung event, -en ewend
verantwortlich ansvarlig an'swarli
Verantwortung ansvar, -et an'swar
Verbandskasten forbindingskasse, -n forbiningskasse
verbessern forbedre for'bedre
verbieten forbyde for'büde

verboten **forbudt** forbud
verbrauchen **forbruge** for'bro
Verbrennung **forbrænding, -en** for'branning
Verdacht **mistanke, -n** mistange
verdächtig **mistænksom** mis'tängsom
verdienen **tjene** tjene
verdorben *(Lebensmittel)* **fordærvet** for'därwed
verdünnen **fortynde** for'tönne
Verein **klub, -ben** klub
Vereinbarung **aftale, -n** autale
Verfallsdatum **holbarhedsdato, -en** holbarhedsdato
Vergangenheit **fortid, -en** fortid
vergessen **glemme** glemme
vergleichen **sammenligne** sammenline
Vergnügen **fornøjelse, -n** for'noielse
vergrößern **forstørre** for'sdör
verhaften **anholde** anholle
Verhältnis **forhold, -et** forhol
verheiratet **gift** gifd
verhindern **forhindre** for'hindre
verkaufen **sælge** sälje
Verkäufer **ekspedient, -en** egsbe'diend
Verkäuferin **ekspedient, -en** egsbe'diend
Verkehr **trafik, -ken** trafig
verlängern **forlænge** for'länge
Verlängerungskabel **forlængerledning, -en** for'längerledning
Verlängerungswoche **en ekstra uge** en egsdra ue
sich verlaufen **løbe vildt** löbe wild
sich verletzen **komme til skade** komme te sgade
verletzt **såret** so:red
Verletzung **kvæstelse, -n** kwäsdelse
sich verlieben **forelske sig** for'elsge sai
verlieren **tabe** tabe

Verlobte forlovet, -veden forlo:wed
Verlobter forlovet, -veden forlo:wed
verloren tabt tabd
Verlust tab, -et tab
vermeiden undgå o:ngo:
vermieten udleje udlai
vermissen savne saune
Verpackung emballage, -n ämba'lasche
verpassen gå glip af go: glib a
verreisen rejse væk raise wäg
verschieben udskyde udsgüde
verschieden forskellig for'sgelli
verschlafen sove over sig sowe ower sai
versichern forsikre for'sigre
Versicherung forsikring, -en for'sigring
sich verspäten komme for sent komme for send
Verspätung forsinkelse, -n for'singelse
versprechen love lowe
verständlich forståelig for'sdo:li
verstecken gemme gämme
verstehen forstå for'sdo:
Versuch forsøg, -et for'sö
versuchen forsøge for'sö
Vertrag kontrakt, -en kon'tragd
Vertrauen tillid, -en telid
vertrauen auf have tillid til ha telid te
verursachen bevirke be'wirge
Verwandte slægtning, -en slägdning
Verwandter slægtning, -en slägdning
verwechseln forveksle for'wegsle
verwenden anvende anwenne
verwitwet blevet enke blewed enke
verwöhnen forkæle for'käle
Verzeihung! Undskyld! o:nsgül!

viel meget maid; wie ~ hvor meget wor maid
vielleicht måske mo:sge
Viertel kvarter, -et kwar'ter
Viertelstunde kvarter, -et kwar'ter
Visitenkarte visitkort, -et wi'sidkord
Vogel fugl, -en ful
Volk folk, -et folg
völlig fuldstændig fulsdändi
volljährig myndig möndi
Vollkornbrot fuldkornsrugbrød, -et fulkornsrubröd
von af a; her fra fra
vor *(örtlich)* foran foran; ~ allem frem for alt frem for ald; ~ Kurzem for kort tid siden for kord tid siden
Voranmeldung forudgående anmeldelse, -n forudgo:ne anmelse
im Voraus forud forud
Voraussetzung forudsætning, -en forud'sädning
voraussichtlich antagelig an'tali
vorbei forbi for'bi
vorbeigehen gå forbi go: for'bi
Vorfahrt forkørselsret, -ten forkörselsrad; ~ gewähren lade køre først lade köre försd
Vorfahrtsstraße primærvej, -en pri'märwai
vorführen forevise forwise
vorgestern i forgårs i forgo:rs
vorhaben have i sinde ha i sinne
vorhanden til stede te sdede
vorher før för
vorläufig foreløbig forlöbi
Vormittag formiddag, -en formidä
vormittags om formiddagen om formidän
Vorname fornavn, -et fornaun
vorne foran foran
vornehm fornem fornäm

Vorort forstad, -en forsdad
Vorschlag forslag, -et forsla
vorschlagen foreslå forslo:
Vorsicht! Pas på! pas po:!
Vorspeise forret, -ten forrad
vorstellen præsentere präsenter; sich ~ forestille sig forsdille sai
Vortrag foredrag, -et fordrau
Vorurteil fordom, -men fordom
vorwärts fremad frema

W

Waage vægt, -en wägd
wach vågen wo:un
wachsen vokse wogse
Wahl valg, -et walj
wählen vælge wälje
wahr sand san
während i løbet af i löbed a; *(gleichzeitig)* mens mens
Wahrheit sandhed, -en sanhed
wahrscheinlich sandsynligvis sansünliwis
Währung valuta, -en wa'luta
Wald skov, -en sgow
Wand mur, -en mur
Wanderkarte vandrekort, -et wandrekord
wandern vandre wandre
Wanderweg vandrevej, -en wandrewai
warm varmt warmd
Warndreieck advarselstrekant, -en adwarsels'trekand
Warnung advarsel, -slen adwarsel
warten vente wende
warum hvorfor worfor
Waschbecken vask, -en wasg
Wäsche vasketøj, -et wasgetoi
waschen vaske wasge
Waschmaschine vaskemaskine, -n wasgema'sgine
Waschmittel vaskepulver, -et wasgepo:lwer
Waschraum vaskerum, -met wasgerum
Wasser vand, -et wan

Wasserhahn vandhane, -n wanhane
WC wc, -et wese
wechseln veksle weksle
wecken vække wägge
Wecker vækkeur, -et wäggeur
Weg vej, -en wai
weg væk wäg
wegen på grund af po: gro:n a
wegfahren køre afsted kör asded
wegnehmen fratage frata
wegschicken sende bort senne bord
Wegweiser vejviser, -en waiwiser
wegwerfen smide væk smide wäg
wehtun gøre ondt gör o:nd
weiblich kvindelig kwinneli
weich blød blöd
Weihnachten jul, -en jul
weil fordi fordi
Wein vin, -en win
weinen græde grade
Weißbrot franskbrød, -et fransbröd
Weißwein hvidvin, -en widwin
weit lang lang
weiter videre widere; und so ~ og så videre ow so: widere
Welle bølge, -n bölje
Welt verden, -en werden
sich wenden an henvende sig til henwenne sai te
wenig lidt lid
wenigstens i det mindste i de minsde
wer hvem wem
Werbung reklame, -n re'klame
werden blive bli
werfen kaste kasde
Werkstatt værksted, -et werksded
Werkzeug værktøj, -et werktoi
Wert værdi, -en wärdi
wertlos værdiløs werdilös
wertvoll værdifuld wärdiful
Wespe hveps, -en webs

Westen vesten wesdn
Wetter vejr, -et wer
wichtig vigtig wegdi
wie hvordan wordan; ~ geht's? hvordan går det? wordan go:r de?
wieder igen igen
wiederholen gentage genta
wiederkommen komme tilbage komme te bä
wiedersehen ses igen ses igen
Wiese mark, -en marg
wieso hvorfor worfor
willkommen heißen bydevelkommen büde welkommen
Wind vind, -en win
wir vi wi
wirklich virkelig wirgli
Wirklichkeit virkelighed, -en wirglihed
Wirkung virkning, -en wirgning
Wirtschaft erhvervsliv, -et er'werwsliw
wischen vaske gulv wasge gol; *(Staub)* støve af sdöwe a
wissen vide wid
Wissenschaft videnskab, -en widensgab
witzig sjov sjow
Woche uge, -n ue
Wochenende weekend, -en wigend
woher hvorfra worfra
wohin hvorhen worhen
wohnen bo bo
Wohnmobil campingbil, -en kämbingbil
Wohnort bopæl, -en bopäl
Wohnung lejlighed, -en lailihed
Wohnwagen campingvogn, -en kämbingwown
Wolke sky, -en sgü
Wolle uld, -en ul
wollen ville wille
Wort ord, -et or
Wörterbuch ordbog, -en ordbo:w
Wunde sår, -et so:r
Wunsch ønske, -t önsge

wünschen ønske önsg
Wurst pølse, -n pölse
Würstchen lille pølse, -n lille pölse
wütend vred wred

Z

Zahl tal, -let tal
Zahn tand, -en tan
Zahnarzt, -ärztin tandlæge, -n tanlä
Zahnbürste tandbørste, -n tanbörsde
Zahnpasta tandpasta, -en tanpasda
Zahnstocher tandstik, -ken tansdig
Zeckenbiss tægebid, -det täebid
Zehe tå, -en to:
Zeichen tegn, -et tain
zeichnen tegne taine
Zeichnung tegning, -en taining
zeigen vise wise
Zeit tid, -en tid
Zeitung avis, -en awis
Zeitungsstand kiosk, -en kjosg
Zelt telt, -et teld
zelten slå telt op slo: teld ob
zentral central sen'tral
Zentrum centrum, -met sentrum
zerbrechlich skrøbelig sgröbeli
zerreißen rive i stykker riwe i sdögger
zerstören ødelægge ödelägge
Zertifikat certifikat, -et serdifi'kad
Zettel seddel, -dlen sedl
Zeuge, Zeugin vidne, -t widne
ziehen trække trägge
Ziel mål, -et mo:l
ziemlich temmelig temmli
Zigarillo cerut, -ten se'rod
Zigarre cigar, -en si'gar
Zimmer værelse, -t wärelse
zögern tøve töwe
Zoo zoo, -en su

zu *(Richtung)* til te; ~ viel for meget for maid; ~ wenig for lidt for led
Zucker sukker, -et sugger
zuerst først försd
Zufall tilfælde, -t telfälle
zufällig tilfældig te'fäldi
zufrieden tilfreds tefres
Zugang tilgang, -en telgang
zuhören høre efter hör efder
Zukunft fremtid, -en fremtid
zulässig tilladt tellad
zuletzt til sidst te sidsd
zum Beispiel for eksempel for eg'sembel
zumachen lukke lo:gge
zunehmen *(Gewicht)* tagepå ta po:
Zunge tunge, -n to:nge
zurück tilbage te'bä
zurückbringen bringe tilbage bringe te'bä
zurückgeben give tilbage gi te'bä
zurückkommen komme tilbage komme te'bä
zurücknehmen tage tilbage ta te'bä
zusammen sammen sammen
Zusammenstoß sammenstød, -et sammensdöd
zusätzlich yderligere üderliger
zuschauen se til se te
Zuschauer(in) tilskuer, -en telsgur
Zuschlag tillæg, -get te'läg
Zustand tilstand, -en telsdan
zuständig ansvarlig answarli
zuverlässig pålidelig po:lidli
Zweck formål, -et formo:l
Zweifel tvivl, -en twiwl
zwingen tvinge twinge
zwischen mellem mellem
Zwischenlandung mellemlanding, -en mellemlaning

Die Zahlen

0	nul	nul
1	en	en
2	to	to
3	tre	tre
4	fire	fire
5	fem	fem
6	seks	seks
7	syv	süw
8	otte	odde
9	ni	ni
10	ti	ti
11	elve	elwe
12	tolv	toll
13	tretten	tredden
14	fjorten	fjorden
15	femten	femden
16	seksten	saisden
17	sytten	södden
18	atten	adden
19	nitten	nidden
20	tyve	tüw
21	enogtyve	enowtüw
22	toogtyve	toowtüw
30	tredive	tredwe
40	fyrre	förre
50	halvtreds	haltres
60	tres	tres
70	halvfjers	halfjers